PYTHON

PROGRAMMIEREN LERNEN MIT

CHATGPT

Als Einsteiger 5-mal schneller

professionelle Anwendungen programmieren

mit künstlicher Intelligenz (KI)

2. Auflage 2024

AES Verlag

Inhaltsverzeichnis

1. Warum Sie programmieren lernen sollten 5

1.1. Warum Python der perfekte Einstieg ins Programmieren ist 5

1.2. Die Geschichte von Python 7

1.3. Was ist an Python so besonders? 8

2. So legen Sie richtig mit Python los 10

2.1. Python 11

2.2. Die passende IDE 14

3. „Hello World“ – Der Einstieg in die Programmierwelt 16

3.1. Der Programmcode 16

3.2. Ausführen eines Programms 22

4. Künstliche Intelligenz 25

4.1. Generative AI 26

4.2. Large Language Models (LLMs) 27

4.3. ChatGPT 31

5. Variablen 33

5.1. Strings 35

5.1.1. Aneinanderhängen von Variablen 36

5.1.2. Sonderzeichen 37

5.1.3. Nützliche Funktionen 39

5.2. Datenstrukturen 40

5.2.1. Listen 41

5.2.2. Tupel 44
5.2.3. Sets 45
5.2.4. Dictionaries 46
5.3. Mathematische Operatoren 48
5.4. Logische Operatoren 49

6. Kontrollstrukturen 51
6.1. If-Abfragen 51
6.2. While-Schleifen 56
6.3. For-Schleifen 59
6.4. Abbruch von Schleifen 64
6.5. Übungen zu Schleifen 65
Übung 1 – Würfeln 65
Übung 2 – Ratespiel 67
Übung 3 – Duplikate Eliminieren 68
Lösung zu Übung 1 69
Lösung zu Übung 2 70
Lösung zu Übung 3 71

7. Funktionen 73

8. Objektorientierte Programmierung 77
8.1. Klassen und Objekte 77
8.2. Vererbung 84
8.3. Übungen zur objektorientierten Programmierung. 88
Übung 4 – Würfeln 88
Übung 5 – Personalverwaltung 89
Lösung zu Übung 4 92
Lösung zu Übung 5 94

9. Exception Handling 98

9.1. Fehlerquellen erkennen 98

9.2. Fehler abfangen und verarbeiten 101

10. Was Sie als Python-Programmierer wissen sollten 104

10.1. Vergleich von Objekten und Variablen 104

10.2. Python 2 und Python 3 108

11. Programmieren mit ChatGPT 109

11.1. Codegenerierung 110

11.2. Fehlersuche 116

11.3. Codeoptimierung 121

11.4. Beispiele und Übungen 123

11.5. Nachteile 124

12. Bonus: Fortgeschrittene Übungen 125

12.1. Übung 6 – Temperaturumrechner 125

Lösung zu Übung 6 127

12.2. Übung 7 – Textverarbeitung mit Dateien 131

Lösung Übung 7 133

12.3. Übung 8 – Rekursive Programmierung 135

Lösung zu Übung 8 137

Schlusswort 140

Bevor Sie das Buch schließen 141

1. Warum Sie programmieren lernen sollten

1.1. Warum Python der perfekte Einstieg ins Programmieren ist

Python wird oft als Programmiersprache angesehen, die sowohl vielseitig einsetzbar, als auch einfach zu erlernen ist. Damit eignet sich diese Sprache ideal für Programmieranfänger. Obwohl Python bereits Anfang der 90er entwickelt wurde, ist die Programmiersprache auch heute noch, immerhin 30 Jahre später, noch immer für viele Anwendungsbereiche extrem relevant. Dabei weist Python einige Besonderheiten auf, die die Sprache von anderen Sprachen aus dieser Zeit abhebt. Dazu gehört zum Beispiel die Tatsache, dass Python auch interaktiv genutzt werden kann. Es ist also möglich, Zeile um Zeile einzugeben und jeweils sofort eine entsprechende Ausgabe zu erhalten. Dazu aber später mehr.

Wegen der vielfältigen Einsatzmöglichkeiten bietet Python eine hervorragende Gelegenheit für Anfänger in einem Anwendungsgebiet ihrer Wahl erste Erfahrungen zu sammeln. Zudem eröffnet das Beherrschen einer Programmiersprache eine Vielzahl beruflicher Perspektiven. Im digitalen Zeitalter ist es also fast schon ein Muss sich wenigstens die Grundlagen des Programmierens anzueignen. Gerade in der IT-Branche gibt es hervorragende Karrieremöglichkeiten. Mit Python sind Sie dafür bestens gerüstet.

Python dient ebenfalls als Türöffner um weitere Programmiersprachen, wie Java, C#, C++, JavaScript oder Swift einfacher und schneller zu erlernen. Die Grundlagen aus diesem Buch werden Ihnen ebenfalls bei diesen Programmiersprachen behilflich sein.

Des Weiteren bietet dieses Buch nicht nur einen Einblick in Python als Programmiersprache, sondern auch in die faszinierende Welt der künstlichen Intelligenz. In Kapitel 4 werde ich Sie mitnehmen auf einen kleinen Exkurs in deren Theorie und im Laufe des Buches werden Sie lernen, wie Sie KI-Anwendungen, wie ChatGPT, gewinnbringend einsetzen können.

Somit haben Sie sich genau für die richtige Sprache und natürlich die passende Anleitung entschieden, um die Grundlagen Pythons und des Programmierens ganz allgemein zu lernen. Glückwunsch dazu! Nun trennt Sie nur noch das Durchlesen des Buches und natürlich - ganz wichtig - das Durchführen der praktischen Übungen vom Erfolg mit Python.

Ich wünsche Ihnen viel Spaß und Erfolg bei der Umsetzung!

1.2. Die Geschichte von Python

Wie eingangs bereits erwähnt, begann der Entwicklungsprozess bereits in den frühen 90er Jahren. Python wurde von dem Niederländer Guido van Rossum als Skriptsprache am Zentrum für Mathematik in Amsterdam entwickelt. Ursprünglich war die Sprache als Nachfolger für die Programmiersprache „ABC“ gedacht und sollte auf dem Betriebssystem Amoeba eingesetzt werden.

1994 erschien die erste Vollversion Python 1.0. Sechs Jahre später folgte dann Python 2.0. Python 2 wird in der Version 2.7.2 bis heute verwendet, obwohl Python 3 bereits 2008 erschienen ist. Da die dritte Vollversion allerdings nicht abwärtskompatibel zu Version 2 ist, existieren beide Versionen parallel. Weiterentwickelt wird indessen nur Version 3. Aus diesem Grund wird in diesem Buch ausschließlich mit Version 3 gearbeitet. Inwiefern sich die beiden Versionen im Einzelnen unterscheiden, wird in einem späteren Kapitel nochmals näher betrachtet werden.

Der Name „Python“ leitet sich nicht wie allgemein angenommen von der gleichnamigen Schlangen-Familie ab, sondern stammt von der englischen Comedy-Gruppe „Monty Python“.

1.3. Was ist an Python so besonders?

Im Gegensatz zu den meisten anderen Programmiersprachen ist die Formatierung des Codes in Python ein funktionaler Bestandteil der Programmiersprache. Diese Eigenschaft ist eine der größten Stärken Pythons. Zum einen benötigen logische Blöcke dadurch keine geschweiften Klammern, was die Lesbarkeit des Codes fördert. Zum anderen werden dadurch viele Fehlerquellen vermieden, da syntaktische Elemente, wie beispielsweise Semikolons überflüssig sind und vom Programmierer daher auch nicht vergessen werden können.

Eine weitere Stärke Pythons ist, dass die Sprache durch die relativ geringe Anzahl an Schlüsselwörtern als leicht zu erlernen gilt. Mit Python lassen sich sowohl große Anwendungen implementieren, aber auch kleine Skripte schreiben.

Ähnlich wie Java, läuft Python dabei auf fast allen gängigen Betriebssystemen und bietet von Haus aus wichtige Features, wie zum Beispiel eine Garbage Collection an. Diese übernimmt die Bereinigung des Speichers, so dass nicht mehr genutzte Variablen und Objekte nicht manuell beseitigt werden müssen.

Im Gegensatz zu Java, C oder C++ ist Python allerdings keine kompilierte Sprache. Bei kompilierten Sprachen wird der vom Entwickler geschriebene Quellcode in eine Form von für den Computer verständlichen Code umgewandelt – dieser Vorgang nennt sich Kompilieren. Python hingegen nutzt einen sogenannten Interpreter. Dieser verarbeitet den Quellcode eines Programms zur Laufzeit. Es wird also Zeile für

Zeile verarbeitet bis das Programm beendet wurde oder ein Fehler auftritt. Die Ausführung eines Programms mithilfe eines Interpreters ist normalerweise langsamer, als die Ausführung mittels eines Compilers. Dies liegt auch daran, dass man ein kompiliertes Programm nicht bei jedem Durchlauf neu kompilieren muss. Der bereits kompilierte Code kann einfach erneut ausgeführt werden. Ein Interpreter hingegen muss eben jedes Mal aufs Neue den Code „live“ interpretieren.

2. So legen Sie richtig mit Python los

Das Schreiben eines lauffähigen Python-Programms ist nur der erste Schritt. Um Programme in Python ausführen zu können, benötigen Sie den Python-Interpreter. Außerdem ist es sinnvoll auch eine passende Entwicklungsumgebung zu nutzen. Denn obwohl Python als anfängerfreundliche Sprache gilt, kann etwas Hilfe beim Entwicklungsprozess nicht schaden. Bevor Sie mit dem Programmieren loslegen, sollten wir also zuallererst darüber nachdenken, welche Softwarekomponenten benötigt werden. Das Wichtigste ist natürlich der Python-Interpreter. Dieser ist zusammen mit den Python-Standardbibliotheken kostenlos im Internet erhältlich. Außerdem benötigen Sie, wie bereits erwähnt, eine entsprechende Entwicklungsumgebung, die Ihnen dabei hilft, Fehler im Code zu vermeiden und eine bessere Übersicht über Ihre Projekte zu behalten. Wo Sie diese Softwarekomponenten beziehen können, werden Sie in diesem Kapitel erfahren. Des Weiteren beinhaltet dieses Kapitel eine Anleitung aller wichtigen Installationsschritte, sodass Sie so schnell wie möglich mit dem eigentlichen Programmieren loslegen können.

2.1. Python

Die neuste Python-Version kann von der offiziellen Python-Webseite bezogen werden. In diesem Fall wäre dies Version 3.12.3 (Stand Mai 2024).

https://www.python.org/downloads/

Üblicherweise erkennt die Webseite automatisch, welches System man verwendet und bietet direkt die korrekte Version für das eigene Betriebssystem an – in diesem Beispiel Windows 64bit. Sollten Sie sich unsicher sein, welche Version die richtige für Sie ist, so können Sie das im Explorer unter *Computer > Systemeigenschaften* einsehen.

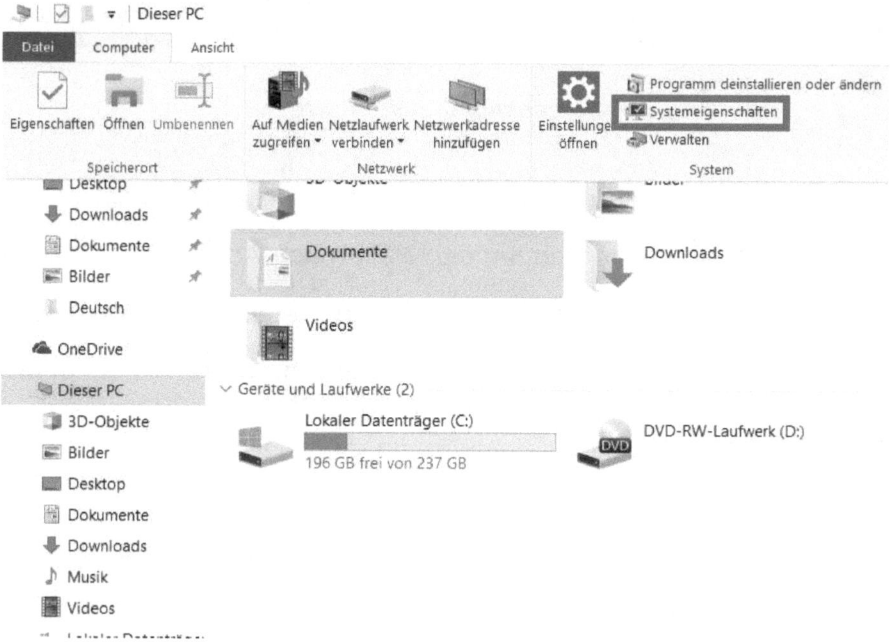

Screenshot 1: Schaltfläche für Systemeigenschaften

Alternativ kann diese Information auch über die Konsole mit dem Befehl `systeminfo` erlangt werden, wie in Screenshot 2 unter *Systemtyp* ganz unten im Bild zu sehen ist. Die Windows-Konsole können Sie über die Tastenkombination *Windowstaste + r* gefolgt von der Eingabe „cmd“ + *Enter* öffnen.

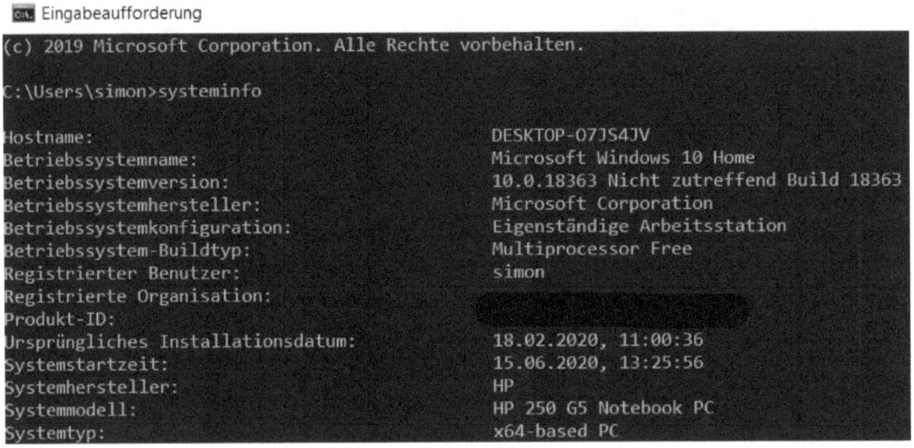
```
Eingabeaufforderung
(c) 2019 Microsoft Corporation. Alle Rechte vorbehalten.

C:\Users\simon>systeminfo

Hostname:                                  DESKTOP-07JS4JV
Betriebssystemname:                        Microsoft Windows 10 Home
Betriebssystemversion:                     10.0.18363 Nicht zutreffend Build 18363
Betriebssystemhersteller:                  Microsoft Corporation
Betriebssystemkonfiguration:               Eigenständige Arbeitsstation
Betriebssystem-Buildtyp:                   Multiprocessor Free
Registrierter Benutzer:                    simon
Registrierte Organisation:
Produkt-ID:                                [redacted]
Ursprüngliches Installationsdatum:         18.02.2020, 11:00:36
Systemstartzeit:                           15.06.2020, 13:25:56
Systemhersteller:                          HP
Systemmodell:                              HP 250 G5 Notebook PC
Systemtyp:                                 x64-based PC
```

Screenshot 2: systeminfo

Nachdem Python heruntergeladen wurde, kann die Installation gestartet werden. Hier sollten Sie den Haken bei „Add Python 3.12.3 to PATH“ setzen. Anschließend können Sie entweder die Option „Install Now“ wählen oder aber die Installation nach Ihren Wünschen anpassen.

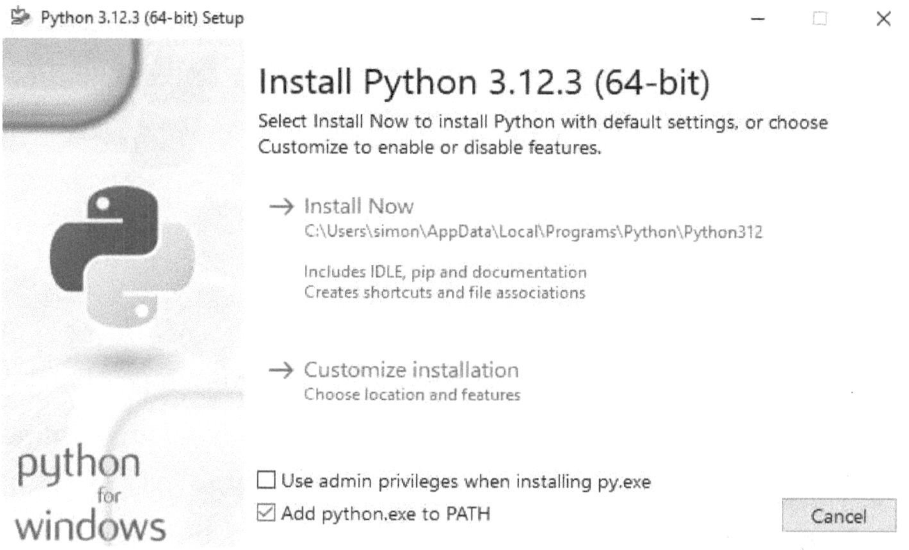

Screenshot 3: Python Installation

Um zu überprüfen, ob Python richtig installiert wurde, reicht es die Kommandozeile (Windows-Konsole) zu öffnen und den Befehl

```
python
```

einzugeben. Hat bei der Installation alles geklappt, so sollte sich die Python-Konsole öffnen – siehe Screenshot 4. Hier können Sie auch sehen, welche Python-Version bei Ihnen installiert ist.

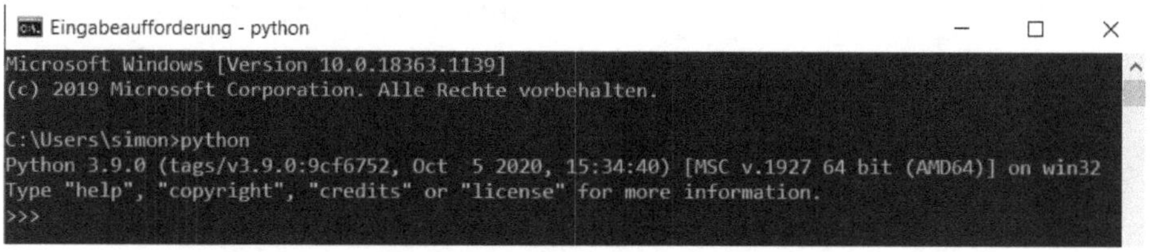

Screenshot 4: Python-Konsole

Um diese Konsole wieder zu verlassen und zur ursprünglichen Windows-Konsole zurückzukehren, genügt die Tastenkombination Strg + Z gefolgt von der Eingabetaste.

2.2. Die passende IDE

IDE ist die Abkürzung für eine Integrierte Entwicklungsumgebung (im Englischen: integrated development environment). Diese Programme unterstützen den Entwickler beim Programmieren, da sie zum einen Fehler in der Syntax bereits während des Programmierens hervorheben, und zum anderen das Ausführen des geschriebenen Codes vereinfachen.

Entwicklungsumgebungen gibt es in Hülle und Fülle. Oft sind Sie auf eine Programmiersprache spezialisiert. Somit gibt es für fast jede Sprache eine große Auswahl an kostenlosen und kostenpflichtigen Entwicklungsumgebungen verschiedener Anbieter. Kostenpflichtige Varianten bieten in der Regel einen höheren Funktionsumfang. Für Anfänger sind allerdings auch die meisten kostenlosen Varianten für den Einstieg in das Programmieren vollkommen ausreichend. Daher wird in diesem Buch die Community-Edition von PyCharm verwendet. PyCharm ist eine IDE speziell für Python und wird von der Firma JetBrains vertrieben. Die Community-Edition ist komplett kostenfrei erhältlich. Sie können sich PyCharm ganz einfach von der offiziellen Webseite herunterladen:

https://www.jetbrains.com/de-de/pycharm/download

Achten Sie auch hier darauf die jeweils richtige Version für Ihr Betriebssystem herunterzuladen. Nach Ausführen des heruntergeladenen Programms können Sie die Installation nach Ihren Wünschen anpassen. Beim in Screenshot 5 abgebildeten Installationsschritt, empfehle ich Ihnen, die Haken bei „Create Associations“ und „Update PATH variable“ zu setzen. Die anderen beiden Optionen können Sie nach Belieben auswählen, wobei die Option „Open Folder as Project“ später nützlich sein könnte.

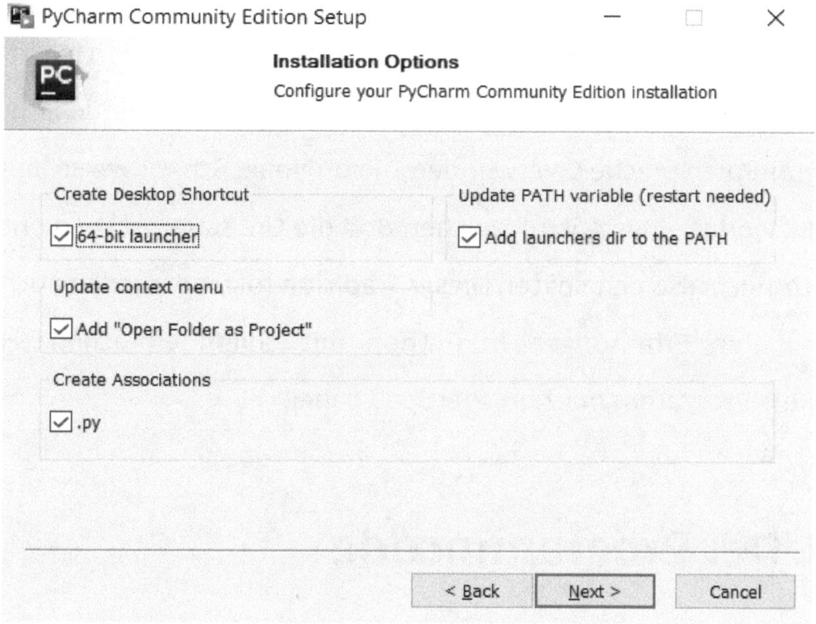

Screenshot 5: Installation PyCharm

Klicken Sie anschließend auf „Weiter“ und dann auf „Install“. Um die Installation abzuschließen müssen Sie Ihr System neu starten.

Nun sind Sie bereit mit dem Programmieren loszulegen. Sie haben alle erforderlichen Vorbereitungsschritte erfolgreich absolviert. Viel Spaß mit Kapitel 3!

3. „Hello World“ – Der Einstieg in die Programmierwelt

Traditionell beginnt jeder Programmierer, der in einer neuen Sprache zum ersten Mal Code schreibt, mit einem kurzen „Hello World!“-Programm. Dieses Programm hat keine andere Funktion als den Text „Hello World!“ auf der Konsole auszugeben. Der „Hello World!“-Text kam erstmals in den 1970er-Jahren auf. Damals wurde er in leicht abgewandelter Form in verschiedenen Programmierhandbüchern der Programmiersprache C verwendet. Die originale Schreibweise lautete „hello, world“ – das Ausrufezeichen und die Großbuschstaben entwickelten sich also erst später. Dieser Tradition folgend werden auch Sie Ihre ersten Erfahrungen in Python mit einem einfachen „Hello World!“-Programm machen. Viel Spaß dabei!

3.1. Der Programmcode

Nach der Installation von PyCharm müssen Sie beim erstmaligen Öffnen der IDE noch einige Einstellungen vornehmen. Dazu gehört das Teilen von Daten mit JetBrains, die Übernahme von Einstellungen aus anderen PyCharm-Versionen sowie einige optische Anpassungen. Hier können Sie natürlich ganz nach Belieben wählen. Anschließend sollten Sie das in Screenshot 6 abgebildete Fenster sehen.

Screenshot 6: Startfenster PyCharm

Wählen Sie hier die Option „New Project". Anschließend können Sie einen Namen für Ihr Projekt vergeben.

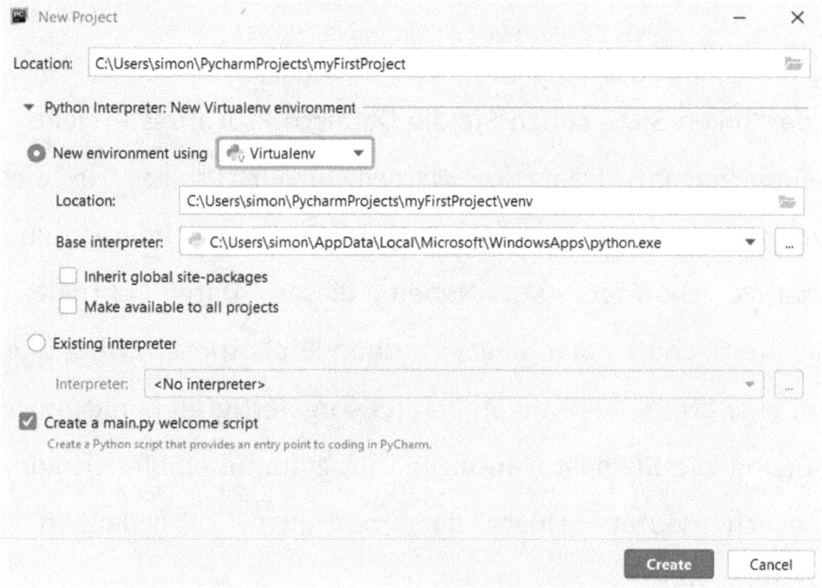

Screenshot 7: Erstellen eines neuen Projekts

Achten Sie darauf, dass der Dateipfad im Feld „Base Interpreter" zu Ihrer Python Installation führt, da PyCharm sonst nicht in der Lage sein wird, Ihre Python-Programme richtig auszuführen. Klicken Sie anschließend auf „Create". Nun erstellt PyCharm das Projekt. Dieses sollte dem in Screenshot 8 dargestellten Projekt sehr ähnlich sehen.

Screenshot 8: PyCharm-Projekt

Auf der linken Seite sehen Sie die Dateistruktur Ihres Projekts. Das Projektverzeichnis trägt den Namen „myFirstProject". In diesem Verzeichnis liegt die Datei „main.py", die gerade im rechten Teil PyCharms geöffnet ist. Neben dieser Datei enthält das Projektverzeichnis noch diverse Python-Bibliotheken. Diese stellen Ihnen eine breite Auswahl an bereits vorgefertigten Funktionen zur Verfügung, die Sie später in eigene Programme einbinden können. Schließlich lautet einer der zentralen Leitgedanken des Programmierens:

DRY – Don’t repeat yourself

Code, der Ihnen bereits zur Verfügung steht – ob nun von Ihnen geschrieben oder von einer externen Quelle, sollte also nie noch einmal geschrieben werden. Das spart nicht nur Zeit, sondern verringert auch die Fehleranfälligkeit Ihrer Programme.

Sie können den gesamten Inhalt der Datei main.py fürs Erste löschen. Ebenso können Sie den roten Punkt direkt neben den Zeilennummern durch einen Klick auf ihn löschen. Nun sollten Sie eine leere Datei sehen.

Screenshot 9: leere main.py Datei

Im Gegensatz zu vielen anderen Programmiersprachen reicht in Python eine Zeile aus, um ein funktionierendes Hello-World-Programm zu schreiben.

main.py

```python
#Diese Zeilen sind Kommentarzeilen
# und für den Python Interpreter nicht relevant
print("Hello World!")

```

Screenshot 10: Hello World in Python

Die mit Rauten hervorgehobenen Textzeilen sind Kommentare. Kommentare sind völlig irrelevant für das eigentliche Programm.

> Kommentare können Ihnen oder Ihren Kollegen dabei helfen, Ihren Code später noch zu verstehen.

Kommentare können in zwei Ausführungen auftreten. Neben den in Screenshot 10 bereits gezeigten einzeiligen Kommentaren gibt es auch mehrzeilige Kommentare. Einzeilige Kommentare müssen immer mit einer Raute beginnen. So weiß der Python-Interpreter, dass in dieser Zeile nun ein Kommentar folgt. Mehrzeilige Kommentare hingegen können mit einem kleinen Trick auch anders erzeugt werden. Offiziell sollte bei mehrzeiligen Kommentaren für jede Zeile eine führende Raute genutzt werden. Allerdings ist es in Python möglich, mit drei Anführungszeichen am Anfang und Ende eines Textes einen mehrzeiligen „Kommentar“ zu erzeugen, der vom Python-Interpreter ignoriert wird – siehe Screenshot 11.

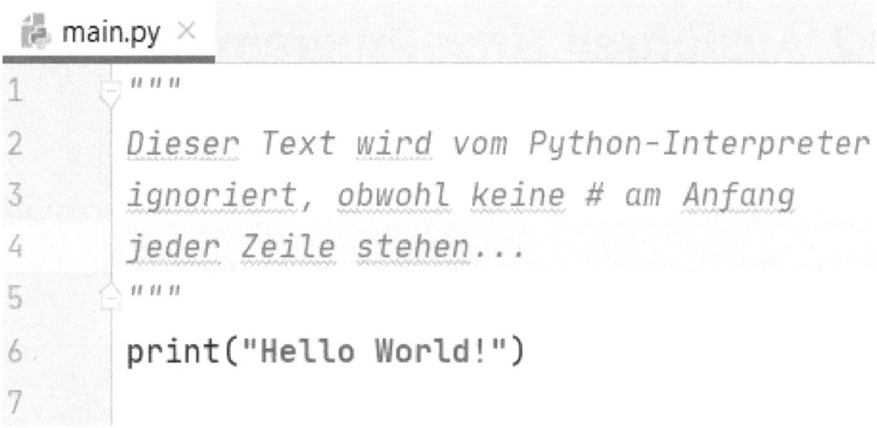

Screenshot 11: Mehrzeiliger Kommentar

Nun aber zum eigentlichen Programm:

```
print(„Hello World!“)
```

Mit der Funktion *print* lassen sich in Python Textausgaben erzeugen. Was genau eine Funktion ist und wie sie funktioniert, wird in Kapitel 7 ausführlich erläutert werden.

Die Funktion *print* benötigt eine Zeichenkette, die in Anführungszeichen übergeben werden muss. Mit „übergeben“ meint man, dass diese Zeichenkette in die Klammern hinter der Funktion eingetragen wird. Die übergebene Zeichenkette wird dann auf der Python-Konsole ausgegeben.

3.2. Ausführen eines Programms

Das Starten eines Programms in PyCharm ist recht einfach. Um den zuvor geschriebenen Code auszuführen, ist es lediglich erforderlich, den grünen „Play"-Button in der Leiste über dem Programm zu drücken.

Screenshot 12: Schaltfläche zum Ausführen von Programmen in PyCharm und Ausgabe auf der internen Konsole

Ist dies geschehen, läuft das Programm und gibt auf der internen PyCharm-Konsole das erwünschte Ergebnis aus – in Screenshot 12 markiert.

Alternativ können Python-Programme auch über die Windows-Kommandozeile ausführt werden. Hierzu müssen Sie nur ins entsprechende Verzeichnis navigieren und die Datei anschließend mit dem Befehl

```
python main.py
```

ausführen. Ist dies erfolgreich, wird die entsprechende Ausgabe direkt in der Windows-Konsole ausgegeben – siehe Screenshot 13.

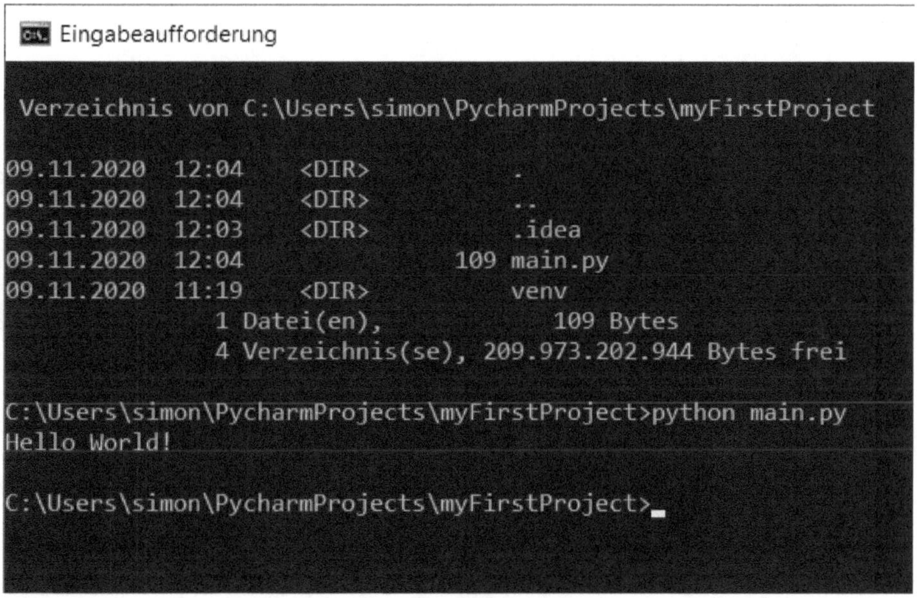

Screenshot 13: Ausführen des Programms auf der Windows-Kommandozeile

Neben diesen beiden Optionen gibt es noch eine weitere Möglichkeit, um mit Python zu arbeiten. Diese ist dadurch bedingt, dass Python eine interpretierte Sprache ist und interaktiv betrieben werden kann.

Unabhängig davon, in welchem Verzeichnis Sie sich gerade mit Ihrem Windows-Kommandozeilenfenster befinden, können Sie den Befehl *python* eingeben und Sie gelangen in die Python-Konsole.

Hier können Sie dann einfach die gewünschten Befehle eingeben und Python führt diese direkt aus. In diesem Fall also

```
print(„Hello World!")
```

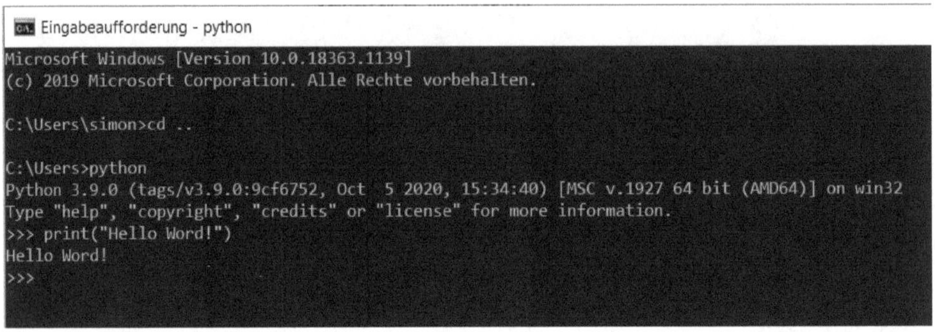

Screenshot 14: Interaktives Hello World

4. Künstliche Intelligenz

Bevor wir uns nun weiter mit Python als Programmiersprache beschäftigen, möchte ich Sie einladen, sich mit mir auf einen kurzen Ausflug in die Welt der künstlichen Intelligenz zu begeben. Wie Ihnen diese beim Erlernen Ihrer ersten Programmiersprache helfen kann, werden Sie im Laufe dieses Buches herausfinden. Spätestens seitdem ChatGPT für die Allgemeinheit verfügbar ist, dreht sich alles um das Thema künstliche Intelligenz (engl. artificial intelligence – AI). Dabei ist künstliche Intelligenz nicht wirklich neu. Bereits 1997 gelang es *Deep Blue* den Schachweltmeister Garri Kasparov zu schlagen. Heutzutage kommt AI so gut wie überall zum Einsatz. So nutzen diverse Produkte, die wir im Alltag verwenden, im Hintergrund künstliche Intelligenz, ohne dass wir das direkt merken. Ob Suchmaschinen, Online-Übersetzer oder die Algorithmen, die Ihnen personalisierte Werbung anzeigen – sie alle nutzen in der einen oder anderen Form künstliche Intelligenz. Auch bei der Erkennung von Bildern, Sprache oder Text werden oft neuronale Netze eingesetzt. Neuronale Netze sind eine Form der künstlichen Intelligenz, die aus einer großen Menge Daten lernen und dieses Wissen dann auf eine spezielle Aufgabe anwenden können. Der Haken hierbei ist oft, dass man die Daten erstmal sortieren muss – die künstliche Intelligenz hat schließlich keine Ahnung, was zum Beispiel ein Fahrrad von einem Motorrad unterscheidet. Und da kommen Sie ins Spiel. Haben Sie bei der Anmeldung auf einer Internetseite schonmal ein sogenanntes CAPTCHA ausfüllen dürfen? Markieren Sie alle

Bilder, auf denen ein Zebrastreifen zu sehen ist – oder eine Ampel; oder ein Auto/ein Hydrant/eine Brücke und so weiter und so fort. Sicherlich kommt Ihnen das bekannt vor und Sie fragen sich jedes Mal, was das denn soll. Aber stellen Sie sich einmal vor, Sie entwickeln eine künstliche Intelligenz, die im Straßenverkehr selbstständig Objekte erkennen soll. Da wäre es doch praktisch, wenn Sie Millionen von hilfsbereiten Internetnutzern hätten, die Ihre Daten sortieren und Ihnen bei jedem Bild bestätigen, was zu sehen ist. Auf Basis vieler Millionen oder gar Milliarden solcher digitaler Label für Ihre Bilder könnten Sie dann ihr neuronales Netz trainieren. Das Beste daran – Sie müssen niemanden bezahlen, der Ihnen Ihren Berg von Bilddaten sortiert.

4.1. Generative AI

Als generative AI – also generierende künstliche Intelligenz – werden AI-Modelle bezeichnet, die neue Daten generieren. Dabei können sowohl Text, als auch Bilder, Audio oder Videos erzeugt werden. Vielleicht haben Sie schonmal von Deepfakes gehört. Dabei handelt es sich beispielsweise um täuschend echt wirkende Videos, die so gar nie aufgenommen wurden. In vielen Fällen wurde für deren Generierung künstliche Intelligenz verwendet. Die Fälschungen werden hierbei mit der Zeit immer besser und können selbst von Experten manchmal nur schwer vom Original unterschieden werden. Generative AI lernt aus komplexen Mustern und Strukturen um dann neue, bisher nicht existente Daten nach diesen Mustern zu erzeugen.

4.2. Large Language Models (LLMs)

Modelle, die die Beziehung von Wörtern untereinander verstehen und auf Basis dieser Beziehung weiteren Text erzeugen können, nutzen die sogenannte Transformer Architektur. Sie werden mit sehr großen Mengen an Text trainiert und können dann Wörter in die „richtige" Reihenfolge bringen – eine Fähigkeit, die wir als logische Satzbildung wahrnehmen. Somit können Sie natürliche Sprachen emulieren und eignen sich hervorragend als Chatbots. Wichtig zu beachten ist hierbei, dass das Modell nicht wirklich versteht was die generierte Abfolge an Worten bedeutet, sondern eher auf Basis von Wahrscheinlichkeiten operiert. Sie können sich das im Grunde wie eine sehr fortschrittliche Autovervollständigung vorstellen. Wenn Sie auf der Straße 1000 Menschen bitten den Satz „Der Himmel ist..." zu vervollständigen, so werden Sie vermutlich überdurchschnittlich oft „blau" als Antwort erhalten. Sie sind folglich also der Meinung der Himmel sei blau. Vermutlich würden Sie also, wenn man Ihnen das nächste Mal dieselbe Frage stellt, mit „blau" antworten. Und das selbst, wenn Sie den Himmel noch nie gesehen haben oder gar nicht wissen, was die Leute mit dieser Frage eigentlich gemeint haben. Sie lernen also anhand von Erfahrung. Analog dazu leitet auch ein AI-Modell die Beziehung zwischen Dingen und Worten aus seiner Datengrundlage ab. Die künstliche Intelligenz lernt aus den Daten, die für ihr Training verwendet wurden, also dass der Himmel „blau" sein muss. Sie weiß aber eigentlich nur, dass das Wort „blau" die wahrscheinlichste Fortführung des Satzes ist.

Für die künstliche Intelligenz ist jedes Wort ein sogenanntes Token. Nach den Token „Der", „Himmel" und „ist" sucht sie nach dem Token, das am besten passt – basierend auf den Trainingsdaten. Jedes Token wird intern als Vektor betrachtet. Am ehesten kann man das mit Koordinaten vergleichen. Wenn Sie beispielsweise eine Liste von Städten haben, können Sie diese als Koordinaten darstellen und aus diesen Koordinaten Rückschlüsse ziehen.

Stadt	Breite	Länge
Berlin	52.31	13.24
Potsdam	52.24	13.04
München	48.08	11.42
Stuttgart	48.46	9.11

Ohne zu wissen, wo diese Städte genau liegen, ist klar, dass die Entfernung zwischen Berlin und Potsdam geringer sein muss als die Entfernung zwischen Berlin und München. Ebenso liegen Stuttgart und München relativ nahe beieinander. Analog hierzu führt ein Large Language Model zu jedem Wort einen Vektor. Dieser beinhaltet bedeutend mehr Dimensionen als eine zweidimensionale Koordinate. Aber das Prinzip ist dasselbe. Der Vektor für Kuh liegt somit näher am Vektor für Milch, Weide oder Landwirtschaft, als der Vektor für Smartphone beispielsweise. Die Nutzung von Vektoren im Gegensatz zu Buchstaben ermöglicht eine mathematische Auswertung. Da die Beziehung zwischen Wörtern weitaus komplexer ist als die geografische

Beziehung zwischen Städten, können Vektoren für Worte oftmals hunderte oder gar tausende Dimensionen umfassen.

Mathematisch ist es möglich, Vektoren von verschiedenen Worten zu addieren beziehungsweise zu subtrahieren und somit Beziehungen zwischen Worten zu verdeutlichen. Wenn man vom Vektor für „schwerer“ den Vektor für „schwer“ subtrahiert und dann den Vektor für „leicht“ addiert, landet man nahe am Vektor für „leichter“. Somit lernt die künstliche Intelligenz, dass die Beziehung von „schwer“ zu „schwerer“ gleichzusetzen ist mit der Beziehung zwischen „leicht“ und „leichter“.

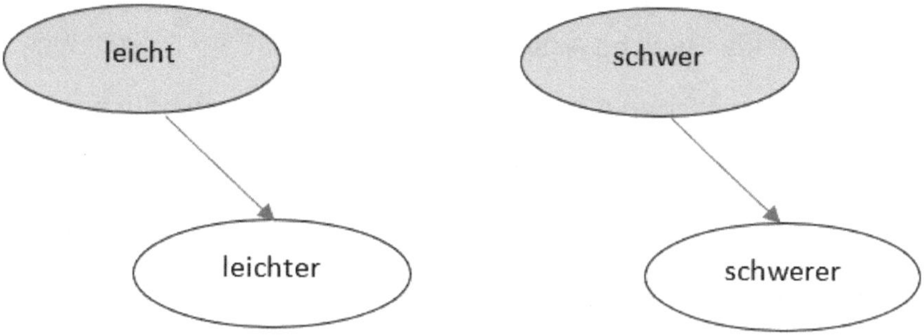

Beziehung zwischen Vektoren verwandter Wörter

Ebenso werden komplexere Beziehungen über die mathematische Nähe von Vektoren ausgedrückt. Somit kann das Modell sprachliche, grammatikalische und diverse andere Beziehungen aufbauen, analysieren und verstehen. Folgende Tabellen zeigen anhand von Beispielen aus dem Tierreich und Finanzwesen, welche Arten von Beziehungen zwischen Begriffen auf diese Art vom Modell aufgebaut und verstanden werden können.

Weiblich	Jungtier	Männlich	Gruppe
Kuh	Kalb	Bulle	Herde
Bache	Frischling	Eber	Rotte
Ricke	Kitz	Bock	Sprung

Währung	Land
Dollar	USA
Yen	Japan
Won	Südkorea
Pfund	UK

Der Vektor eines Wortes hängt aber nicht nur vom Wort selbst ab, sondern auch von dessen Kontext. „Bank“ bezeichnet sowohl ein Finanzinstitut als auch eine Sitzgelegenheit. In der deutschen Sprache sind die beiden Worte nicht voneinander zu unterscheiden. Erst durch den Kontext wird klar, welche Ausprägung gemeint ist. Im Modell werden diese unterschiedlichen Ausprägungen durch unterschiedliche Vektoren realisiert. Der Vektor für das Finanzinstitut unterscheidet sich stark vom Vektor, der für die Sitzgelegenheit verwendet wird. Ebenso hängt der Vektor eines Wortes von dessen Bedeutung innerhalb eines Satzes ab. „Er fragt den Kellner nach seiner Empfehlung.“ Hier ist nicht unmittelbar klar, ob er den Kellner nach dessen Empfehlung fragt, oder ob er dem Kellner seine eigene Empfehlung in der Vergangenheit mitgeteilt hat und nun wissen will, ob dieser sich noch erinnert. Je nachdem welcher Fall hier gemeint ist, würde das Modell einen anderen Vektor für das Wort „seiner“ verwenden. Ein weiteres Beispiel für einen zweideutigen Satz wäre: „Sie sah den Mann mit dem Fernglas“. Hat sie den Mann durch ein Fernglas gesehen oder einen Mann, der ein Fernglas bei sich trug? Im Deutschen ist das nicht direkt ersichtlich, sondern ergibt sich im Normalfall aus dem Kontext. Das AI-Modell hingegen würde zwei verschiedene Abfolgen an Vektoren generieren um die verschiedenen Bedeutungen des Satzes eindeutig unterscheiden zu können.

4.3. ChatGPT

ChatGPT ist wohl das bekannteste Beipiel für eine Anwendung, die auf einem Large Language Model (LLM) basiert. GPT steht hierbei für ***Ge****nerative* ***P****re-trained* ***T****ransformer.* Dieser Begriff kommt wie folgt zustande:

Generative:	Bei den von OpenAI entwickelten Modellen, die für ChatGPT eingesetzt werden, handelt es sich um „Generative AI", die wir in diesem Kapitel bereits näher betrachtet haben.
Pretrained:	Das Modell wurde, bevor es dem Endnutzer zur Verfügung gestellt wurde, mit sehr großen Mengen an Daten trainiert. Im Fall von ChatGPT handelt es sich hierbei hauptsächlich um Text aus dem Internet.
Transformer:	Die Transformer Architektur bezeichnet eine spezielle Art von Modell, die bei LLMs Anwendung findet.

ChatGPT kann kostenlos im Internet genutzt werden. Sie müssen sich hierbei mit einer E-Mail-Adresse registrieren und ein Benutzerkonto erstellen. Sie finden die Anwendung unter:

https://chatgpt.com/auth/login

Die kostenlose Variante nutzt das von OpenAI entwickelte Modell GPT-3.5. Dieses wurde auch für die Beispiele genutzt, die Sie in den weiteren Kapiteln dieses Buches finden werden. Alternativ gibt es eine kostenpflichtige Version, die mit dem weiterentwickelten Modell GPT-4 arbeitet. Diese ist in vielen Bereichen mächtiger. Ich empfehle Ihnen allerdings erst einmal, mit der kostenlosen Version zu beginnen. Für die Anwendungsbereiche, die in diesem Buch abgedeckt sind, reicht GPT-3.5 vollkommen aus.

In den folgenden Kapiteln werden wir uns nun wieder Python zuwenden und die grundlegenden Konzepte einer Programmiersprache behandeln. Ich werde Ihnen immer wieder Übungsaufgaben stellen, zu denen jeweils auch eine Musterlösung verfügbar ist. Sollten Sie bei einer Aufgabe mal nicht weiterwissen oder etwas Inspiration benötigen, empfehle ich Ihnen allerdings nicht direkt in die Lösung zu schauen. Fragen Sie doch einfach mal ChatGPT nach einem Hinweis! In vielen Fällen kann Ihnen die künstliche Intelligenz nützliche Hinweise geben. Ebenso bietet es sich an, ChatGPT nach weiteren Aufgaben zu fragen, wenn Sie zu einem bestimmten Thema noch weiter in die Tiefe gehen möchten. Achten Sie bei Ihrer Eingabe darauf so speziefisch wie möglich zu sein. ChapGPT weiß nicht in welcher Sprache Sie arbeiten. Teilen Sie Ihm alle benötigten Informationen detailliert mit.

Bedenken Sie dabei aber, dass sich auch eine künstliche Intelligenz irren kann. Sie übernimmt nicht das Denken für Sie, sondern unterstützt Sie so gut sie kann. Und nun widmen wir uns wieder Python!

5. Variablen

Alle Programme verarbeiten in irgendeiner Form Daten. Um eine effiziente Verarbeitung dieser Daten zu gewährleisten müssen sie (zwischen-) gespeichert werden. Hier kommen Variablen ins Spiel. Variablen sind im Grunde nichts anderes als Verweise auf Speicherplätze. Diesen Speicherplätzen können dann Daten zugewiesen werden um Sie später „griffbereit" zu haben. So können Daten effizient und logisch verwaltet werden. Daten liegen oft in verschiedenen Formen vor. Dieser Umstand muss bei der Programmierung berücksichtigt werden. Python hat zwar keine speziellen Datentypen, die nur für Zahlen oder Zeichenketten geeignet sind, aber trotzdem macht es einen Unterschied, ob ein Datensatz aus Zahlen oder Text besteht.

Das Anlegen einer Variable funktioniert in Python immer nach demselben Prinzip. Im Gegensatz zu anderen Programmiersprachen wie Java oder C muss der Programmierer in Python nicht definieren, welcher Datentyp – also Zahl oder Text – in einer Variable gespeichert werden soll. Um eine Variable anzulegen genügt es, einen Namen zu vergeben und den Wert, der in der Variable gespeichert werden soll, mit einem Gleichheitszeichen zuzuweisen.

```
my_first_variable = "Peter"

mySecondVariable = 42
```

Da sämtliche Schlüsselwörter in Python, wie auch in den meisten anderen Programmiersprachen, in englischer Sprache sind, ist es sinnvoll auch die Bezeichnungen für Variablen usw. einheitlich in Englisch zu halten. Dies hilft außerdem auch eventuellen nicht-deutschsprachigen Kollegen den Code besser zu verstehen.

Variablen sollten in Python stets mit einem Kleinbuchstaben beginnen. Üblicherweise nutzt man für Variablennamen oder Ähnliches, die mehrere Wörter enthalten, den sogenannten *Snakecase*. Das bedeutet, dass Wörter mit Unterstrichen verknüpft werden – siehe *my_first_variable*. Alternativ kann beispielsweise auch der *Camelcase* verwendet werden – siehe *mySecondVariable* – hier werden die Wörter direkt hintereinandergeschrieben, wobei ab dem zweiten Wort alle Wörter mit einem Großbuchstaben beginnen. Unabhängig davon, wie Sie ihre Variablen benennen, sollten Sie darauf achten, immer nach demselben Schema vorzugehen. Des Weiteren hilft es deutliche Variablennamen zu vergeben. Ein Variablenname sollte immer einen Hinweis darauf geben, was gespeichert ist oder wozu die Variable genutzt wird. Namen wie *a, b oder c* sollten möglichst vermieden werden.

5.1. Strings

Als Strings werden in der Programmierung alle Arten von Zeichenketten bezeichnet. So ist die Variable *my_first_variable*, die im letzten Kapitel den Text „Peter“ beinhaltete, eine String-Variable. Variablen, die Strings enthalten, bieten dem Benutzer in Python eine ganze Reihe an nützlichen, bereits implementierten Funktionen um Zeichenketten zu manipulieren. Die wichtigsten werden in diesem Kapitel vorgestellt.

Die als mehrzeiliger Kommentar vorgestellten Konstrukte mit dreifachen Anführungszeichen sind eigentlich auch einfach nur mehrzeilige Strings. Man kann diese Strings auch ganz normal einer Variable zuweisen und ausgeben lassen.

main.py

```
multiline_string = """
Dieser Text ist ein mehrzeiliger String. Durch dreifache
Anführungszeichen können ganz einfach lange Texte
übersichtlich in mehrere Zeilen zerlegt werden!
"""
print(multiline_string)
```

main

```
C:\Users\simon\PycharmProjects\myFirstProject\venv\Scripts\py

Dieser Text ist ein mehrzeiliger String. Durch dreifache
Anführungszeichen können ganz einfach lange Texte
übersichtlich in mehrere Zeilen zerlegt werden!


Process finished with exit code 0
```

Screenshot 15: Mehrzeilige String-Variable

5.1.1. Aneinanderhängen von Variablen

Aus Kapitel 3 kennen Sie bereits die *print()*-Funktion. Mit ihrer Hilfe lässt sich nicht nur Text ausgeben, sondern auch die Werte von Variablen. Außerdem lässt sich beides mit dem + Operator verbinden.

Screenshot 16: Strings mit + Operator verbinden

Versucht man nun die Variable *apple_count* mit dem Zahlenwert 25, anstatt der Zeichenkette „25“ zu befüllen, so stellt man fest, dass Python hier einen Fehler wirft. Um Zahlen in Strings einzubinden, gibt es mehrere Möglichkeiten:

Option 1: str()-Funktion

```
apple_count = 25

print("Ich habe " + str(apple_count) + „Äpfel")
```

Option 2: {}

```
apple_count = 25

print("Ich habe {} Äpfel".format(apple_count))
```

Option 3: %s

```
apple_count = 25

print("Ich habe %s Äpfel" % (apple_count))
```

Bei Option 1 wird die Zahl durch die Funktion str() einfach in einen String umgewandelt und entspricht somit der Vorgabe, dass keine Zahlenwerte mit + verknüpft werden dürfen. Die Optionen 2 und 3 hingegen führen jeweils einen Platzhalter ein, der anschließend mit dem jeweiligen Wert befüllt wird. Diese Platzhalter befinden sich innerhalb der Anführungszeichen und sind somit Teil des Strings.

5.1.2. Sonderzeichen

Nicht alle Sonderzeichen können innerhalb eines Strings problemlos genutzt werden. Andere hingegen haben besondere Funktionen. Das beste Beispiel hierfür ist das Anführungszeichen. Wird dieses benutzt, denkt Python, dass der String beendet ist – wie integriert man also ein Anführungszeichen in einen String?

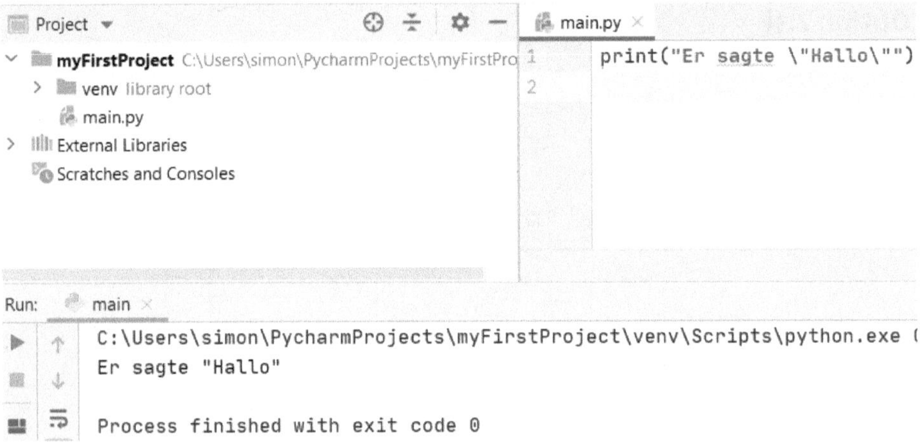

Screenshot 17: Ausgeben von Sonderzeichen

Anführungszeichen können also mit einem Backslash ausgegeben werden. Ebenso kann der Backslash eine Reihe von anderen Funktionen innerhalb von Strings erfüllen. So sind beispielsweise Zeilenumbrüche mit \n möglich.

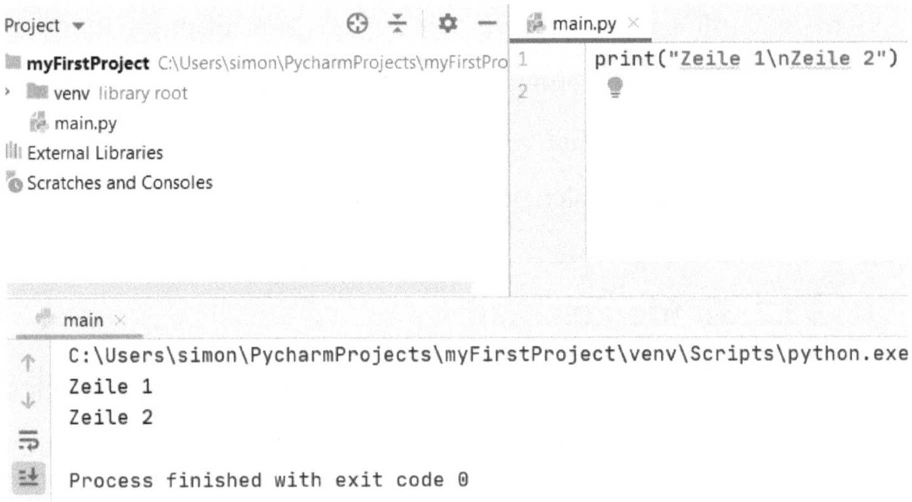

Screenshot 18: Zeilenumbruch mit \n

5.1.3. Nützliche Funktionen

Strings können mit einer Reihe von Funktionen verändert und manipuliert werden. Einige davon sind in folgender Tabelle aufgeführt.

```
text = "Python"
```

Funktion	Ausgabe/Output - Erklärung
text.upper()	PYTHON
text.lower()	python
text.islower()	False – prüft, ob der String komplett aus Kleinbuchstaben besteht
text.lower().islower()	True – konvertiert den String zu Kleinbuchstaben und prüft dann, ob der String komplett aus Kleinbuchstaben besteht
len(text)	6 – Zählt die Anzahl der Zeichen im String
text[1]	y – gibt die zweite Stelle zurück. Index 0 entspricht der ersten Stelle. Somit text[0] -> P und text[1] -> y
text.index(„y")	1 – gibt die Stelle im Wort zurück. Gezählt wird ab 0.

Funktion	Ausgabe/Output – Erklärung
text.index(„thon")	2 – gibt die Stelle im String zurück, an der die geforderte Sequenz beginnt
text.replace(„yth", „olyg")	Polygon – ersetzt die zuerst spezifizierte Sequenz mit der nachfolgenden Sequenz

5.2. Datenstrukturen

Beim Verarbeiten von Daten ist es oft nicht sehr sinnvoll für jeden Wert eine eigene Variable anzulegen. Hat man zum Beispiel einen Datensatz, der alle Primzahlen zwischen null und einer Million enthält und möchte diesen abspeichern, sollte man nicht für jede Primzahl eine eigene Variable anlegen. Vielmehr macht es Sinn, diese Daten zu strukturieren.

Um zusammengehörende Daten logisch sinnvoll zu speichern, bietet Python vier Arten von Datenstrukturen an. Diese bieten dem Programmierer ein breites Spektrum verschiedener Eigenschaften und Funktionen. In diesem Kapitel lernen Sie diese vier Strukturen kennen und erfahren, wie und wann Sie sie verwenden sollten.

5.2.1. Listen

In einer Liste können mehrere Werte gespeichert werden. Außerdem bieten Listen einige einzigartige Funktionen. Im Folgenden werden Sie einige davon kennenlernen. Listen können analog zu Variablen wie folgt erzeugt werden:

```
fruits = ["apple", "banana", "strawberry", "grape", "mango", "melon"]
```

Listen sind dabei nicht auf Werte eines einzigen Typs beschränkt. So kann zu obiger Liste beispielsweise auch problemlos eine Zahl hinzugefügt werden.

Um auf einzelne Elemente innerhalb der Liste zuzugreifen, verwendet man den Namen der Liste, gefolgt vom Index des gewünschten Elements in eckigen Klammern. Würde man zum Beispiel das erste Element ausgeben wollen, so würde man wie folgt vorgehen:

```
print(fruits[0])
```

Außerdem kann man die gesamte Liste einfach mit

```
print(fruits)
```

ausgeben lassen. Des Weiteren lassen sich auch negative Werte als Index nutzen. Gibt man beispielsweise den Wert -1 an, so wird der erste Wert vom Ende der Liste ausgegeben – in diesem Fall also „melon". Bei -2 bekommt man entsprechend „mango". Möchte man alle Elemente ab einem bestimmten Index bzw. bis zu einem bestimmten Index, so geht man vor wie in Screenshot 19 gezeigt.

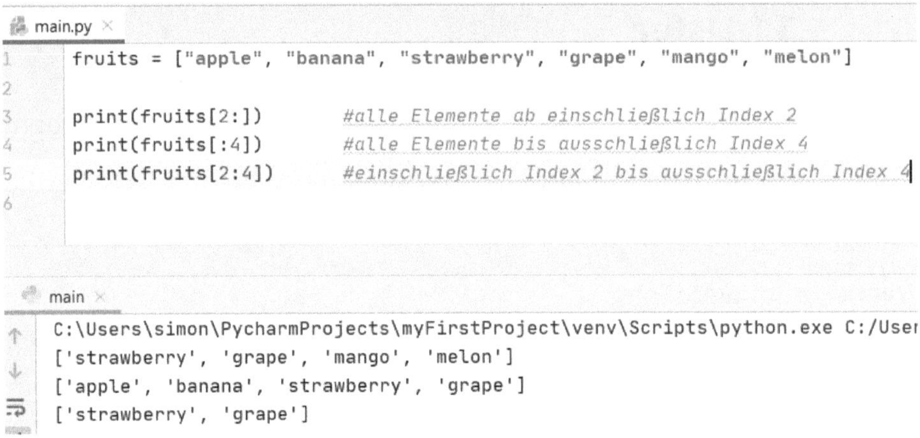

Screenshot 19: Auswahl von Listenelementen

Einzelne Elemente innerhalb einer Liste können auch geändert werden, ohne die Liste an sich zu ändern. Will man das Element „banana“ beispielsweise durch „orange“ ersetzen, so kann dies über den Index erfolgen.

```
fruits[1] = „orange“
```

In folgender Tabelle werden einige weitere Funktionen erläutert, die Listen von Haus aus anbieten. Die Liste “fruits” dient hierbei als Beispiel.

Funktion	Ausgabe/Output – Erklärung
fruits.index(„grape“)	3 – Gibt den Index des übergebenen Wertes an. Gezählt wird ab 0.
fruits.count(„grape“)	1 – Anzahl, wie oft der übergebene Wert in der Liste vorkommt.
fruits.insert(1, „orange“)	„orange“ wird an zweiter Stelle eingefügt. „banana“ und alle nachfolgenden Elemente werden um eins nach hinten verschoben.
fruits.remove(„grape“)	„grape“ wird entfernt. Alle nachfolgenden Elemente wandern um eins nach vorne.
fruits.clear()	Liste wird geleert.
fruits.sort()	Liste wird alphabetisch bzw. numerisch sortiert.
fruits.reverse()	Die Reihenfolge der Elemente wird invertiert.
fruits.append(„orange“)	Das Element „orange“ wird ans Ende der Liste angehängt.

5.2.2. Tupel

Tupel sind Listen sehr ähnlich. Sie werden genau wie Listen erstellt. Der einzige Unterschied ist, dass statt den eckigen Klammern der Liste, bei Tupeln runde Klammern verwendet werden.

```
my_tuple = (3, 56, „apple")
```

Genau wie Listen können auch Tupel Zahlenwerte und Text gemischt aufnehmen. Außerdem kann auf einzelne Elemente über den Index zugegriffen werden.

```
print(my_tuple[1])        #gibt 56 aus
```

Der einzige wirkliche Unterschied zwischen Tupeln und Listen ist, dass Tupel unveränderlich sind. Das bedeutet, dass ein einmal initialisiertes Tupel nicht mehr bearbeitet werden kann. Werte können weder geändert, hinzugefügt noch gelöscht werden. Sowohl Länge als auch Inhalt des Tupels bleiben also konstant.

5.2.3. Sets

Sets werden ähnlich wie Tupel und Listen erzeugt. Der Unterschied zu diesen beiden Datenstrukturen ist jedoch, dass die Elemente eines Sets keine Reihenfolge besitzen. Somit kann auch nicht über den Index auf einzelne Elemente zugegriffen werden. Sets werden mit geschweiften Klammern erzeugt.

```
my_set = {„apple“, „banana“, 47}
```

Ebenso wie Listen und Tupel können die Werte innerhalb eines Sets sowohl Zahlen als auch Strings sein. Des Weiteren kann ein Set keine doppelten Werte enthalten – siehe Screenshot 20.

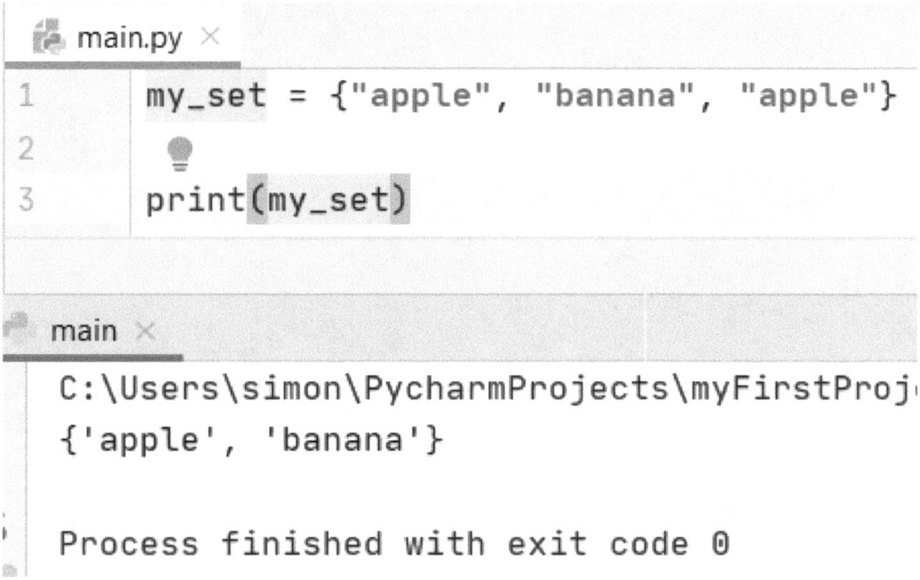

Screenshot 20: Set mit Duplikat

5.2.4. Dictionaries

Dictionaries unterscheiden sich deutlicher von den anderen drei Datenstrukturen als diese es untereinander tun. Sie bestehen aus Schlüssel-Wert-Paaren. Das bedeutet, dass immer zwei Werte als Paar abgespeichert werden. Der erste Wert ist der Schlüssel. Der zweite Wert ist der Wert dieses Schlüssels. Will man auf den Wert zugreifen, muss dies über Angabe des Schlüssels geschehen. Ähnlich wie Sets lassen auch Dictionaries keine Duplikate zu, da jeder Schlüssel nur einmal vorkommen darf. Werte verschiedener Schlüssel dürfen hingegen gleich sein. Dieses Prinzip sowie die Syntax eines Dictionaries sehen Sie in Screenshot 21.

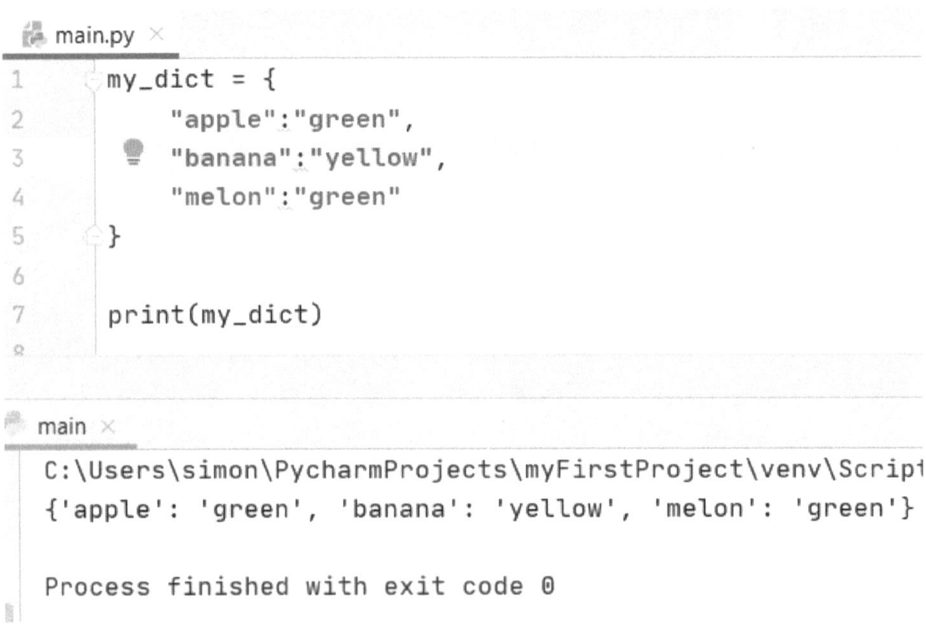

Screenshot 21: Dictionary

Um auf ein Element in einem Dictionary zuzugreifen, muss der jeweilige Schlüssel referenziert werden. Analog zu den drei anderen Datenstrukturen, geschieht dies über Angabe des Variablennamens, gefolgt von eckigen Klammern, in denen der Schlüssel-Wert steht.

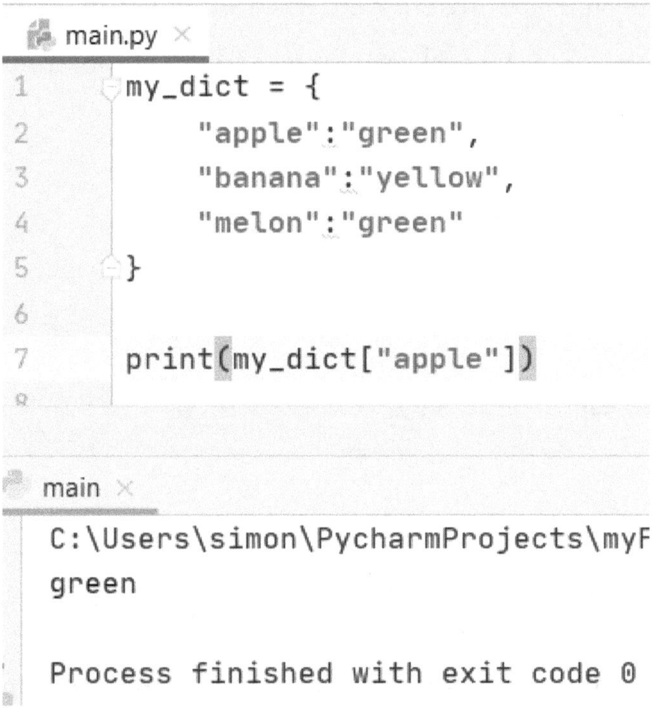

Screenshot 22: Zugriff auf ein Element eines Dictionary

Die Elemente eines Dictionaries liegen in keiner festen Reihenfolge vor. Auch diese Eigenschaft teilen sich Dictionaries also mit Sets. Elemente können zum Dictionary hinzugefügt, gelöscht oder geändert werden. Somit sind Tupel die einzige Datenstruktur, die diese Eigenschaft nicht besitzt. Genau wie bei den drei anderen Datenstrukturen kann die Länge, beziehungsweise Größe eines Dictionaries mit der Funktion *len(Name der Variable, in der die Datenstruktur gespeichert ist)* abgefragt werden.

Des Weiteren bieten Dictionaries einen zweiten Weg, um auf Elemente zuzugreifen. Dies ist die *get()*-Funktion. Auch hier wird in den Klammern der Funktion der jeweilige Schlüssel spezifiziert. Die Besonderheit bei dieser Methode des Zugriffs ist jedoch, dass zusätzlich noch ein default-Wert spezifiziert werden kann. Versucht man auf einen nicht existenten Schlüssel zuzugreifen, wird standardmäßig *None* ausgegeben.

```
my_dict.get(„grape") 	#Augabe: None
```

```
my_dict.get("grape", "Not a valid key") 	#Aus-
gabe: Not a valid key
```

5.3. Mathematische Operatoren

Neben den aus der Schule bekannten Grundrechenarten gibt es in Python noch einige andere mathematischer Operatoren. Diese sind im Programmieralltag oft sehr nützlich, da sie Code einfacher und eleganter machen.

Der Modulo-Operator dient dem Feststellen des Restwertes bei einer Division von Ganzzahlen.

```
a = 7
b = 3
c = a % b 			#1 - Restwert bei a/b
```

In Python ist es möglich, die Zuweisung eines Wertes mit einer mathematischen Operation zu verbinden. Wie dies funktioniert, wird in den folgenden Beispielen veranschaulicht.

```
a += 3          #entspricht a = a + 3
a -= 3          #entspricht a = a - 3
a *= -3         #entspricht a = a * -3
a /= 3          #entspricht a = a / 3
```

5.4. Logische Operatoren

In den meisten Programmiersprachen haben neben den mathematischen Operatoren auch die logischen Operatoren eine große Bedeutung. So sind sie auch in Python vor allem zum Vergleichen von Variablen unverzichtbar. Beim Vergleich zweier Variablen mit einem logischen Operator ist das Ergebnis ein Wahrheitswert. Wahrheitswerte werden in der Programmierung auch *boolesche* Werte oder *boolean* genannt. Der Wert einer boolean-Variable kann also entweder *wahr* oder *falsch* sein. In Python sind die entsprechenden Schlüsselwörter *True* und *False*. Folgende logische Operatoren existieren:

- Größer >
- Kleiner <
- Größer-gleich >=
- Kleiner-gleich <=
- Gleich ==
- Ungleich !=

Des Weiteren gibt es einige logische Operatoren, die zur Verknüpfung von Wahrheitswerten verwendet werden. Dazu gehören *Nicht (not), Und (and), Oder (or)* und *Xor (^). Xor* steht hierbei für „entweder a oder b, aber nicht beides zugleich“. Die jeweiligen Ergebnisse einer Verknüpfung von Variablen mit Hilfe dieser Operatoren sind in folgender Tabelle dargestellt.

boolean a	boolean b	not a	a and b	a or b	a ^ b
true	true	false	true	true	false
true	false	false	false	true	true
false	true	true	false	true	true
false	false	true	false	false	false

6. Kontrollstrukturen

Mit Kontrollstrukturen ist der Ablauf eines Programms zu beeinflussen. Sie bilden das logische Gerüst eines jeden Programms. Mit ihnen lassen sich Teile des Codes wiederholt ausführen und andere Teile nur dann ausführen, wenn bestimmte Bedingungen wahr oder falsch sind. Kontrollstrukturen lassen sich grundsätzlich in zwei Kategorien einteilen: zum einen Verzweigungen und zum anderen Schleifen. In diesem Kapitel lernen Sie, wie Kontrollstrukturen funktionieren und wie Sie sie richtig einsetzen.

6.1. If-Abfragen

If-Abfragen gehören wohl zu den wichtigsten Werkzeugen eines jeden Programmierers. Sie geben Ihnen die Möglichkeit Codesequenzen nur dann auszuführen, wenn eine vordefinierte Bedingung erfüllt ist. Dies kann sowohl der Vergleich zweier Werte sein, oder aber eine boolesche Variable. Der Aufbau einer if-Abfrage in Python ist recht simpel.

```
if Wahrheitswert oder Abfrage:
        #some Code
```

Der Code im eingerückten Block der if-Abfrage wird nur dann ausgeführt, wenn der boolesche Ausdruck zwischen dem Schlüsselwort *if* und dem Doppelpunkt den Wahrheitswert *True* annimmt. Hier einige Beispiele zum besseren Verständnis.

Beispiel 1:

```
if True:
      #dieser Code wird ausgeführt
```

Beispiel 2:

```
a = 3
if a < 8:
      #dieser Code wird ausgeführt
```

Beispiel 3:

```
a = 3
b = 4
if a < 5 and b >= 8:
      #dieser Code wird nicht ausgeführt
```

Beispiel 4:

```
some_letter = 'a'
if some_letter == 'a':
      #dieser Code wird ausgeführt
```

Beispiel 5:

```
some_letter = 'a'
if some_letter == 'A':
      #dieser Code wird nicht ausgeführt
```

Beispiel 6:

```
a = True
b = 3
if not a ^ b == 3:
      #dieser Code wird ausgeführt
```

If-Abfragen geben Ihnen aber nicht nur die Möglichkeit Code auszuführen, wenn eine boolesche Gleichung wahr ist, sondern auch, wenn sie *False* zurückgibt. Dies nennt man if-else-Anweisungen. Else-if-Anweisungen werden in Python durch das Schlüsselwort *elif* eingeleitet.

```
if a == 2 and b == 3:
      #Code Nr.1
elif a == 2 or b == 3:
      #Code Nr. 2
else:
      #Code Nr. 3
print(„End of program")
```

Zuerst wird geprüft, ob der Wert von *a* gleich 2 ist und der Wert von *b* gleichzeitig gleich 3 ist. Geben beide booleschen Gleichungen *True* zurück, so wird Code Nr. 1 ausgeführt. Die anderen beiden Codestücke werden nicht ausgeführt und das Programm gibt die Meldung „End of program" aus.

Entspricht nur eine der beiden Variablen dem vorgesehenen Wert, die andere aber nicht, so schlägt die erste if-Abfrage fehl, da *True* und *False* mit einem *and* verknüpft sind und somit das Ergebnis des gesamten Ausdrucks ein *False* ist. Da die else-if-Abfrage die beiden Werte mit einer logischen *oder*-Verknüpfung verbindet, wird hier das Ergebnis *True* und es wird ausschließlich Code Nr. 2 ausgeführt. Anschließend wird die „End of program"-Nachricht ausgegeben.

Entspricht keine der beiden Variablen dem vorgesehenen Wert, so wird Code Nr. 3 ausgeführt, gefolgt von der „End of program"-Nachricht. If-else-Anweisungen werden von oben nach unten hin ausgewertet. Das bedeutet, dass es möglich ist, dass bestimmte Anweisungen unter Umständen nie erreicht werden können.

```
if a < 10:
      #Code Nr. 1
elif a == 8:
      #Code Nr. 2
```

In diesem Beispiel kann Code Nr. 2 nie erreicht werden. Falls a gleich 8 ist, so ist automatisch auch die erste Bedingung wahr, da 8 natürlich auch kleiner als 10 ist. Es wird also Code Nr. 1 ausgeführt. Da die else-if-Anweisung aber gar nicht mehr betrachtet wird, wenn bereits die if-Anweisung davor ausgeführt wurde, wird die Bedingung a==8 nie geprüft, solange a kleiner als 10 ist. Somit wird diese Bedingung auch nie wahr sein und Code Nr. 2 nie ausgeführt werden.

Will man mit einer if-Abfrage zum Beispiel die Zuweisung eines Wertes zu einer Variable beeinflussen, so kann man auf eine verkürzte Form der if-else-Verzweigung zurückgreifen. Anstatt

```
a = 3
if a == 3:
      b = 4
else:
      b = 6
```

zu schreiben, kann man in nur einer Zeile die Initialisierung inklusive Überprüfung der Bedingung schreiben als

```
a = 3
b = 4 if a == 3 else 6
```

Dieser Ausdruck funktioniert nach dem folgenden Prinzip:

```
Anweisung falls true if Bedingung else Anweisung
falls false
```

6.2. While-Schleifen

Schleifen ermöglichen Ihnen das mehrmalige Ausführen von Code. While-Schleifen definieren direkt im Kopf eine Abbruchbedingung. Sie laufen so lange bis diese zuvor definierte Bedingung nicht mehr „wahr“ ist. Sehen wir uns also die Syntax einer while-Schleife an.

```
while Wahrheitswert oder Abfrage:
        #some Code
```

Eine while-Schleife überprüft also ähnlich wie eine if-Abfrage zuerst, ob der im Schleifenkopf definierte Ausdruck wahr ist. Ist dies der Fall, wird sämtlicher zu diesem Block gehörende Code ausgeführt. Anschließend wird erneut überprüft, ob der Ausdruck immer noch wahr ist. Sofern dies noch immer zutrifft, wird der Code erneut ausgeführt. Dies wird fortgesetzt, bis die Bedingung nicht mehr wahr ist. In diesem Fall ist die Schleife beendet und das Programm läuft weiter. Ist der Ausdruck von vorneherein falsch, so wird die Schleife nie ausgeführt. In Screenshot 23 sehen Sie die Funktionsweise einer einfachen while-Schleife.

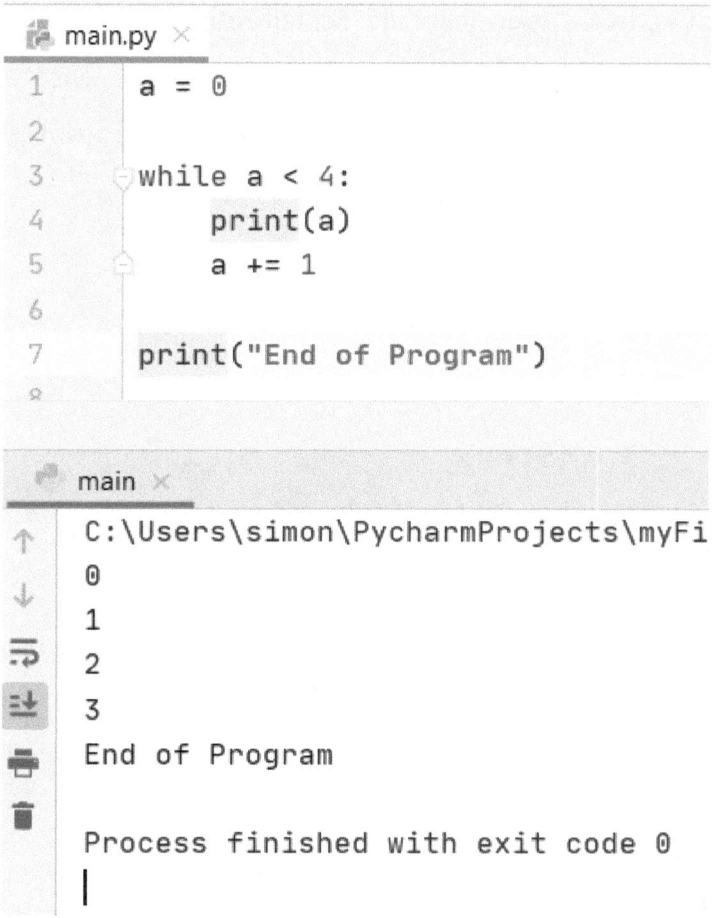

Screenshot 23: while-Schleife

Anfangs ist die Variable *a* gleich null. Die Schleife überprüft nun, ob *a* kleiner vier ist. Da dies zutrifft, wird der in der Schleife stehende Code ausgeführt. Es wird also 0 ausgegeben und *a* wird anschließend um eins erhöht. Dann startet die Schleife von Neuem. Nach dem vierten Durchlauf der Schleife, bei dem 3 ausgegeben und *a* auf 4 erhöht wurde, wird die Bedingung im Schleifenkopf erneut geprüft. Diesmal ergibt der Ausdruck *False*. Somit wird die Schleife nicht mehr ausgeführt, und der Python-Interpreter macht nach der Schleife weiter.

Alternativ kann am Ende der while-Schleife auch eine *else*-Anweisung stehen. Dadurch ist besser ersichtlich, was im Fall einer Nichterfüllung des booleschen Ausdrucks getan werden soll. Am Codeablauf ändert sich dadurch im Normalfall nichts.

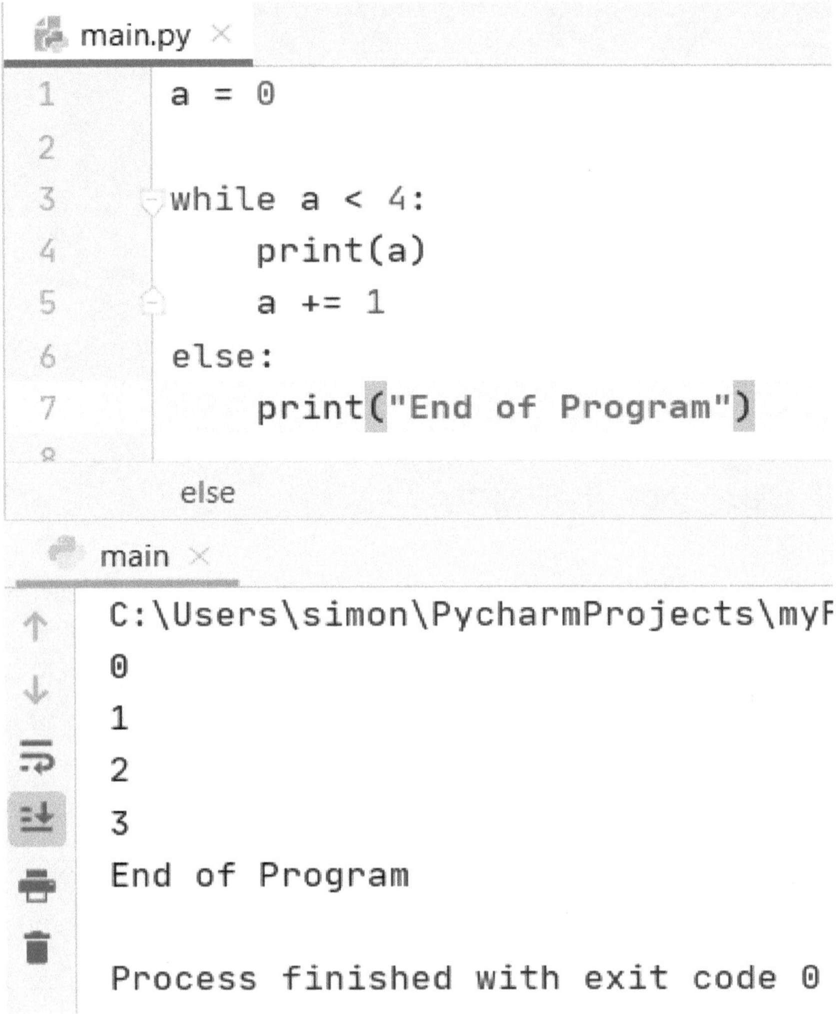

Screenshot 24: while-Schleife mit else

6.3. For-Schleifen

Die zuvor verwendete while-Schleife funktioniert nach einem simplen Prinzip:

» Definiere einen Startwert

» Erhöhe den Startwert bei jedem Durchlauf

» Beende die Schleife nach einer vordefinierten Anzahl an Erhöhungen

Dieses Prinzip führt zur for-Schleife. For-Schleifen sind genau für eben beschriebenes Prinzip entworfen. Bei einer for-Schleife können all diese Bedingungen bereits im Schleifenkopf definiert werden. Dies wird durch die *range()*-Funktion ermöglicht. Diese funktioniert folgendermaßen:

```
for variable in range(Startwert, Endwert, Inkrement):
    #some Code
```

Startwert sowie Inkrement sind hierbei optionale Werte. Dadurch ist es möglich eine for-Schleife mit nur einem Parameter zum Laufen zu bringen. Wie in Screenshot 25 zu sehen ist, durchläuft die Schleife hierbei alle Werte von 0 bis ausschließlich des Endwertes.

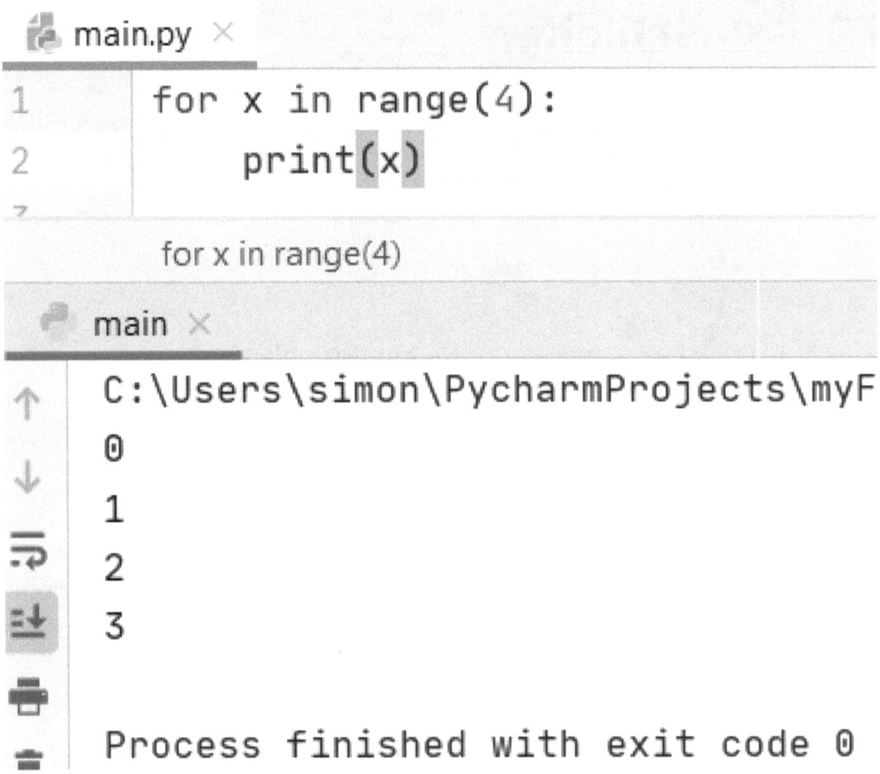

Screenshot 25: for-Schleife von 0 bis 4

Die Schleife läuft also genau 4 Mal. Da aber wie in der Informatik üblich von null gezählt wird, wird die Zahl 4 nie erreicht. Definiert man nun zusätzlich einen Startwert, so beginnt die Schleife bei diesem Wert zu zählen. Zusätzlich definieren wir nun eine Schrittweite (Inkrement) von 2, sodass nur gerade Zahlen ausgegeben werden. Das Ergebnis sehen Sie auf Screenshot 26. Hierbei ist es nun theoretisch sogar egal, ob als Endwert 11 oder 12 angegeben wird, da 10 in beiden Fällen die letzte Ausgabe ist.

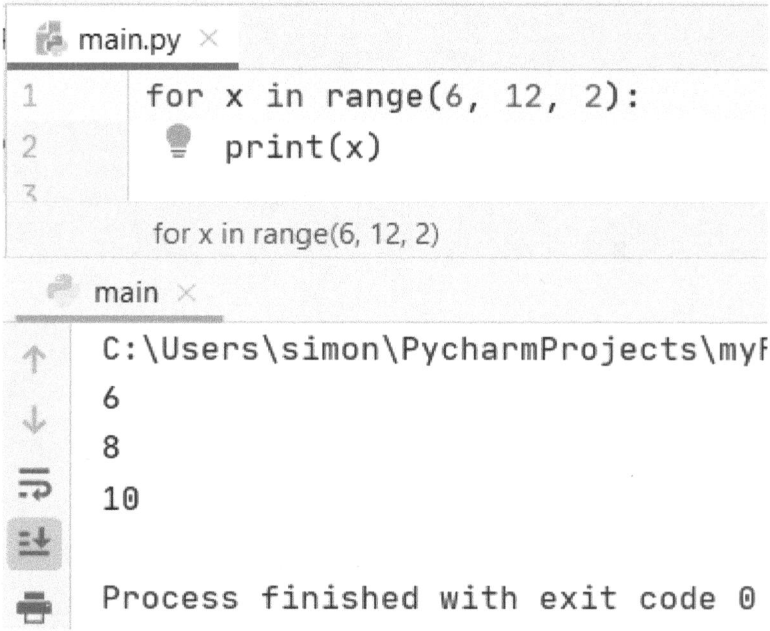

Screenshot 26: for-Schleife von 6 bis 12 mit Schrittweite 2

Die Schrittweite kann beliebig gewählt werden. Möglich sind sowohl negative Schrittweiten (z.B.: -1, -2 etc.), als auch Schrittweiten größer 1 (z.B.: +2).

For-Schleifen sind aber nicht nur nützlich um durch Zahlenreihen zu iterieren. Sie können auch genutzt werden um beispielsweise mit Listen zu arbeiten. Erinnern wir uns also an unsere bereits in Kapitel 5 genutzte Liste von Früchten.

```
fruits = ["apple", "banana", "strawberry", "grape", "mango", "melon"]
```

Mit Hilfe einer for-Schleife kann man bequem durch diese Liste iterieren und so jedes Element einzeln bearbeiten beziehungsweise nutzen. Hier ein kleines Beispiel:

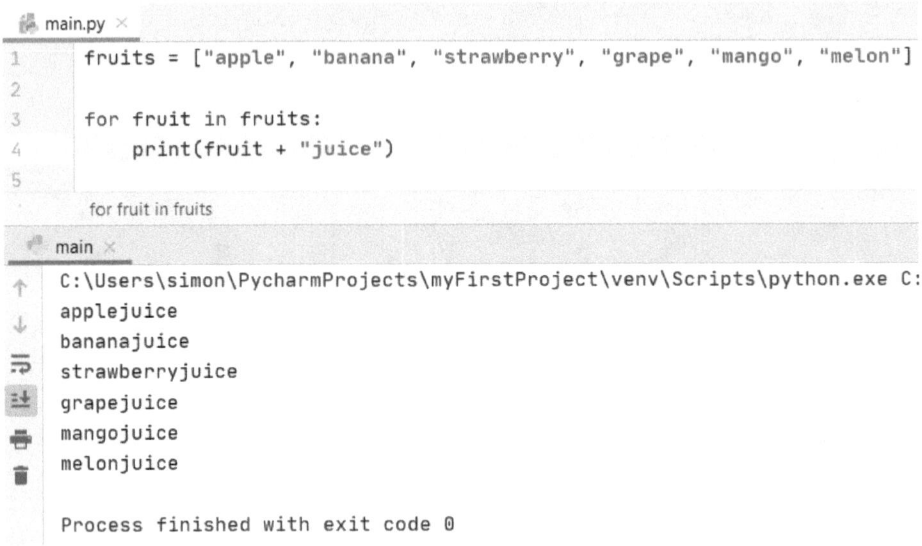

Screenshot 27: for-Schleife um Fruchtsäfte herzustellen

Neben Listen sind for-Schleifen aber auch in der Lage durch Strings zu iterieren. Hierbei wird bei jedem Durchlauf der Schleife ein Buchstabe „bearbeitet".

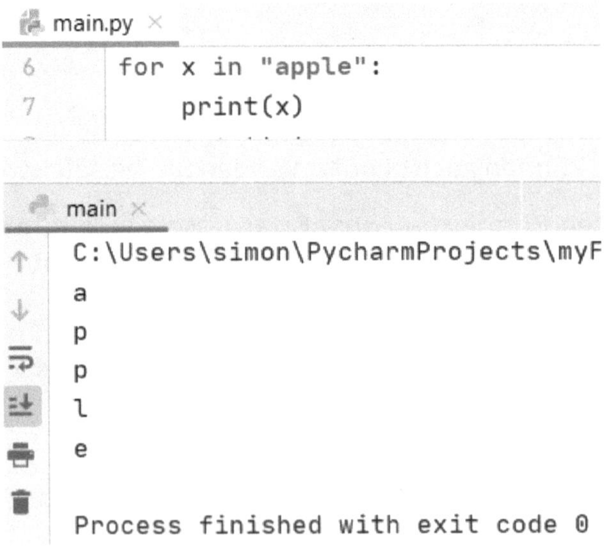

Screenshot 28: for-Schleife mit String

Des Weiteren ist es möglich, mehrere for-Schleifen ineinander verschachtelt zu nutzen. Dadurch lassen sich zum Beispiel Elemente aus mehreren Listen kombinieren. In Screenshot 24 ist dieses Prinzip am Beispiel einiger Früchte dargestellt.

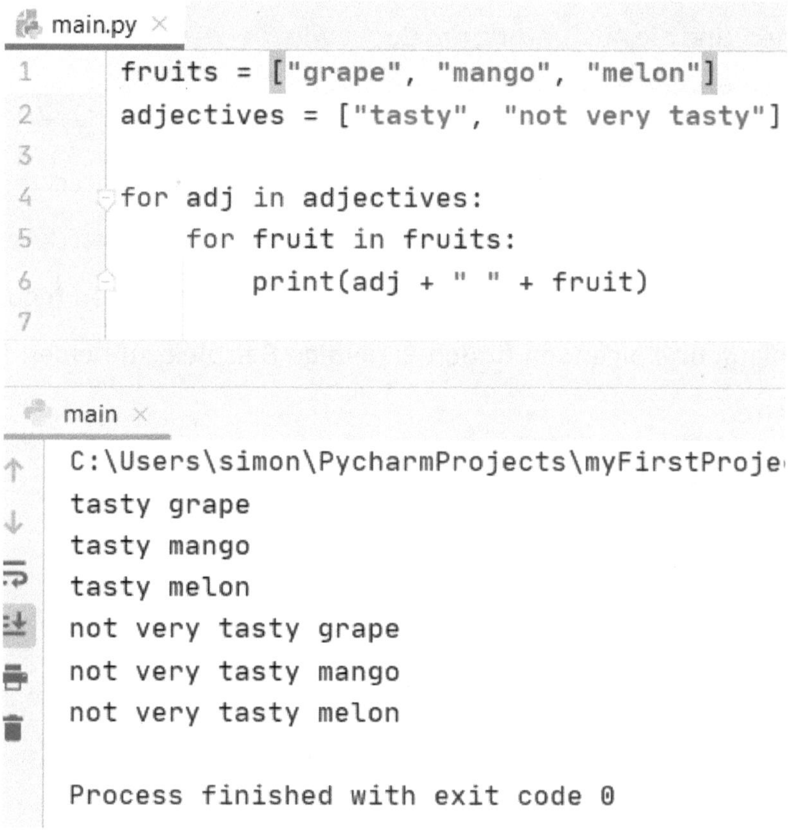

Screenshot 29: zwei ineinander verschachtelte for-Schleifen

Beachten Sie bei for-Schleifen, dass diese nicht leer sein können. Sollten Sie trotzdem einmal eine for-Schleife ohne Funktion benötigen, so können Sie dies mit dem Schlüsselwort *pass* erreichen.

```
for x in range(4):
    pass
```

6.4. Abbruch von Schleifen

Um die Bearbeitung einer Schleife abzubrechen, kann man eine von zwei Anweisungen einsetzen. Wird das Schlüsselwort *break* innerhalb einer Schleife eingesetzt, so wird die Abarbeitung der Schleife abgebrochen, und die Ausführung des Codes wird bei der ersten Anweisung nach der Schleife fortgesetzt.

Die zweite Möglichkeit, den Durchlauf einer Schleife abzubrechen, bietet die *continue*-Anweisung. Diese bricht nur den aktuellen Durchlauf ab, und startet die Schleife von neuem mit dem nächsten regulären Durchlauf. Im Folgenden finden Sie einige Beispiele zu beiden Möglichkeiten:

Beispiel 1: `break`:

```
while True:
      #some Code
      break        #wird hier abgebrochen
#nach Abbruch der Schleife geht es hier weiter
```

Die *break*-Anweisung bietet somit auch die einzige Möglichkeit aus einer while-True-Schleife auszubrechen. Üblicherweise sollte man while-True-Schleifen aber generell vermeiden, da diese als schlechter Programmierstil angesehen werden.

Beispiel 2: `continue`:

```
for x in range(3):
        if x == 1:
                continue
        print(x)
```

Diese Schleife wird zwar drei Mal ausgeführt, aber gibt nur die Zahlen 0 und 2 aus. Während des zweiten Durchlaufs nimmt *x* den Wert 1 an. Dadurch gibt die if-Abfrage True zurück, und der Durchlauf wird vor der print-Anweisung abgebrochen.

6.5. Übungen zu Schleifen

Übung 1 – Würfeln

Simulieren Sie einen Würfel. Berechnen Sie hierzu in einer Schleife eine Zufallszahl zwischen 1 und 6. Der Würfel soll so lange geworfen werden, bis eine 6 gewürfelt wurde. Ist dies geschehen, soll die Schleife abgebrochen und die Anzahl der benötigten Versuche ausgegeben werden.

Um eine Zufallszahl zu erzeugen, können Sie die von Python bereitgestellte Bibliothek *random* verwenden. Hier ein kleines Beispiel dazu:

```python
import random
# random() erzeugt eine Zufallszahl zwischen 0 und 1
a = random.random()
print(a)
# randint(1, 6) erzeugt eine Zufallszahl zwischen 1 und 6
b = random.randint(1, 6)
print(b)
```

Screenshot 30: Die Python-Bibliothek random

Um eine Python-Bibliothek nutzen zu können, muss Sie erst über das Schlüsselwort *import* eingebunden werden. Dann kann man einfach auf die bereitgestellten Funktionen zugreifen.

Für diese Aufgabe nutzen Sie am besten die Funktion *randint()*

Sie können in PyCharm links in der Projektübersicht ganz bequem über einen Rechtsklick auf Ihr Projekt und dann *New > Python File* neue Python-Skripte erstellen.

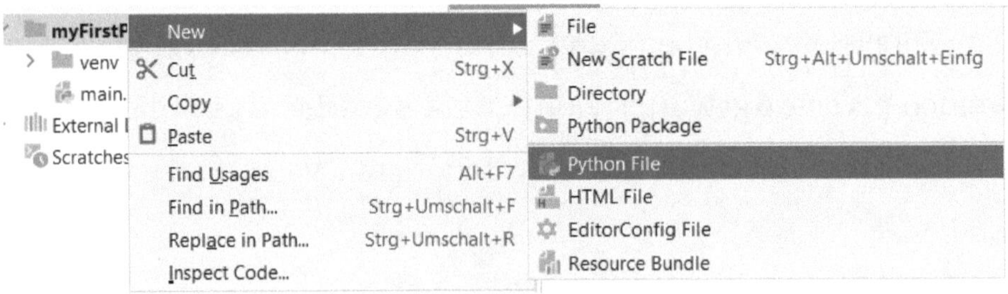

Screenshot 31: Erstellen einer neuen Datei

Auf diese Weise müssen Sie die bereits bearbeiteten Übungen nicht überschreiben. Achten Sie beim Ausführen darauf, dass links vom grünen Play-Button jeweils die richtige Datei ausgewählt ist.

Alternativ können Sie das jeweils gewünschte Python-Skript auch einfach mit einem Rechtsklick in der Projektübersicht auf die jeweilige Datei ausführen. Wählen Sie hier die Option *Run ‚Dateiname'.*

Eine Musterlösung finden Sie im Anschluss an Aufgabe 3. Viel Erfolg!

Übung 2 - Ratespiel

Programmieren Sie ein rundenbasiertes Spiel, bei dem der Benutzer jede Runde eine Zahl zwischen 1 und 10 eingeben kann. Der Computer generiert ebenfalls eine Zahl zwischen 1 und 10. Sind beide Zahlen identisch, gewinnt der Benutzer die Runde. Nach Abschluss einer vordefinierten Anzahl Runden, soll eine kurze Zusammenfassung über die Anzahl der gewonnenen Runden angezeigt werden. Eingaben des Benutzers können über die Funktion *input()* integriert werden – siehe Screenshot 32.

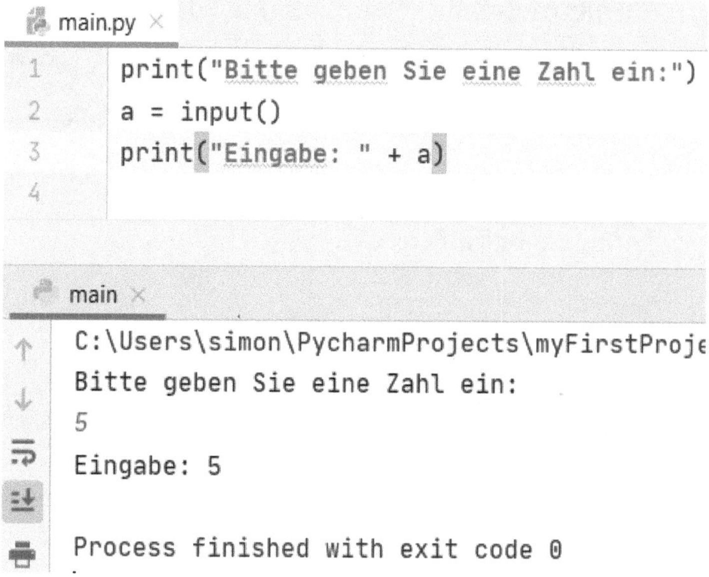

Screenshot 32: Usereingabe mit input()

Die Generierung einer Zufalszahl kennen Sie ja bereits aus Aufgabe 1. Eine mögliche Musterlösung finden Sie am Ende dieses Kapitels. Viel Spaß!

Übung 3 – Duplikate Eliminieren

Gegeben ist folgende Liste von Strings. Diese Liste enthält einige Duplikate. Das Ziel dieser Übung ist es, eine Liste von Strings zu haben, in der jedes Element nur einmal vorhanden ist. Außerdem soll die Liste am Ende des Programms alphabetisch sortiert sein.

```
cities = [„Berlin", „München", „Amsterdam", „Stuttgart", „Berlin", „New York", „Berlin", „Stuttgart", „Moskau", „Hamburg", „Bremen", „Moskau", „Stuttgart"]
```

Falls es Ihnen schwerfällt eine Lösungsstrategie für die Eliminierung der Duplikate zu finden, würde ich Ihnen empfehlen, ChatGPT zu fragen. Wie in Kapitel 4 bereits beschrieben, kann die Anwendung Ihnen hierbei behilflich sein.

Beispieleingabe in ChatGPT:

Ich arbeite mit Python und würde gerne alle Duplikate aus einer Liste von Städten entfernen

Eine mögliche Muserlösung finden Sie wie immer am Ende des Kapitels. Viel Erfolg!

Lösung zu Übung 1

main.py

```
import random

counter = 0
number = 0

while number != 6:
    number = random.randint(1, 6)
    counter += 1

print("Es wurden " + str(counter)
      + " Würfe benötigt um eine 6 zu würfeln")
```

Screenshot 33: Musterlösung

Zuerst werden zwei Variablen für die Anzahl der Versuche und die aktuell gewürfelte Augenzahl initialisiert. Anschließend wird eine while-Schleife gestartet. Diese soll so lange laufen bis eine 6 gewürfelt wurde. Die Abbruchbedingung prüft daher vor jedem neuen Durchlauf, ob die soeben gewürfelte Augenzahl ungleich 6 ist. Ist dies der Fall, wird erneut gewürfelt. Die Zählvariable *counter* wird für jeden Wurf um eins erhöht. Wird schließlich eine 6 gewürfelt, so wird die Anzahl der benötigten Versuche ausgegeben.

Lösung zu Übung 2

main.py

```
import random

roundsWon = 0
roundsToPlay = 10

for x in range(roundsToPlay):
    print("Geben Sie eine Zahl zwischen 1 und 10 ein:")
    guess = int(input())
    number = random.randint(1, 10)

    if guess == number:
        roundsWon += 1
        print("Glückwunsch! Sie haben richtig geraten!")
    else:
        print("Leider falsch! Die Zahl war {}".format(number))

print("\n\n___________________________________\n"
      + "Spiel beendet\n"
      + "Gewonnene Runden: %s von %s Runden" % (roundsWon, roundsToPlay))
```

Screenshot 34: Musterlösung

Die vom Benutzer eingegebene Zahl muss mit der Funktion *int()* in einen Zahlenwert umgewandelt werden, da Sie nach der Eingabe als String vorliegt und so nicht mit der computergenerierten Zahl *number* verglichen werden kann. Die Bezeichnung *int* kommt vom Datentyp *Integer*. Dieser bezeichnet üblicherweise ganzzahlige Daten.

Nach dem Vergleich von geratener und generierter Zahl wird abhängig vom Ergebnis die Zählvariable *roundsWon* für die gewonnenen Runden um eins erhöht und ein entsprechender Text ausgegeben.

Lösung zu Übung 3

Es ist zwar möglich diese Übung durch den Einsatz von Schleifen und dem Vergleich der verschiedenen Elemente zu lösen, aber es existiert noch ein eleganterer Weg. Dieser nutzt die Datenstruktur Set. Da Sets keine Duplikate zulassen, kann die Liste über die Funktion *set()* ganz einfach in ein Set umgewandelt werden. Dadurch werden alle doppelten Elemente entfernt.

duplicates.py

```python
cities = ["Berlin", "München", "Amsterdam",
          "Stuttgart", "Berlin", "New York",
          "Berlin", "Stuttgart", "Moskau",
          "Hamburg", "Bremen", "Moskau", "Stuttgart"]

cities_as_a_set = set(cities)

cities_back_to_list = list(cities_as_a_set)

cities_back_to_list.sort()

print(cities_back_to_list)
```

duplicates

```
C:\Users\simon\PycharmProjects\myFirstProject\venv\Scripts\python.exe C:/Users/simon/Pychar
['Amsterdam', 'Berlin', 'Bremen', 'Hamburg', 'Moskau', 'München', 'New York', 'Stuttgart']

Process finished with exit code 0
```

Screenshot 35: Musterlösung

Anschließend muss das Set wieder in eine Liste umgewandelt werden, da Sets keine feste Reihenfolge besitzen und somit nicht sortiert werden können. Man wendet also die Funktionen *list()* und *sort()* an und schon hat man eine sortierte Liste von Städten.

Haben Sie ChatGPT zurate gezogen? Falls ja, haben Sie vermutlich eine Ausgabe erhalten, die der meinen recht ähnlich ist. Die vorgeschlagene Eingabe war:

Ich arbeite mit Python und würde gerne alle Duplikate aus einer Liste von Städten entfernen

Ausgabe:

```
städte = ["Berlin", "Hamburg", "Berlin", "München", "Hamburg", "Frankfurt"]


eindeutige_städte = list(set(städte))


print(eindeutige_städte)
```

Wie Sie sehen, hat ChatGPT die Umwandlung der ursprünglichen Liste in ein Set und danach zurück in eine Liste in eine einzige Zeile geschrieben. Das spart zwar Platz, macht es gerade für Anfänger aber manchmal schwerer den Code zu verstehen, da die Informationsdichte pro Zeile recht hoch ist.

7. Funktionen

Funktionen sind vor allem dann nützlich, wenn man ein Stück Code immer wieder verwenden möchte. Sie helfen Ihnen dabei wiederkehrende Operationen übersichtlich und elegant zu implementieren. Funktionen bestehen grundsätzlich immer aus einer Kopfzeile und einem Rumpf.

```
def hello_world():
    print("Hello World!")
```

Screenshot 36: Einfache Hello World Funktion

In der Kopfzeile steht an erster Stelle immer das Schlüsselwort *def*. Dieses zeigt an, dass der nachfolgende Code eine Funktion ist. Anschließend folgt der Name der Funktion. Dieser wird in Python üblicherweise klein geschrieben. Nach dem Namen der Funktion folgen zwei normale Klammern. Deren Funktion wird etwas später in diesem Kapitel nochmals erläutert werden.

Der zur Funktion gehörende Code wird - wie bereits bei den Kontrollstrukturen - eingerückt. In diesem Fall ist das nur die *print*-Anweisung. Durch die Einrückung weiß sowohl der Leser, als auch der Python-Interpreter, dass dieser Code zur Funktion gehört.

Würde man das Programm aus Screenshot 36 nun ausführen, so würde auf der Konsole nichts ausgegeben werden. Dies liegt daran, dass Code in Funktionen nicht automatisch ausgeführt wird. Funktionen müssen zuerst aufgerufen werden.

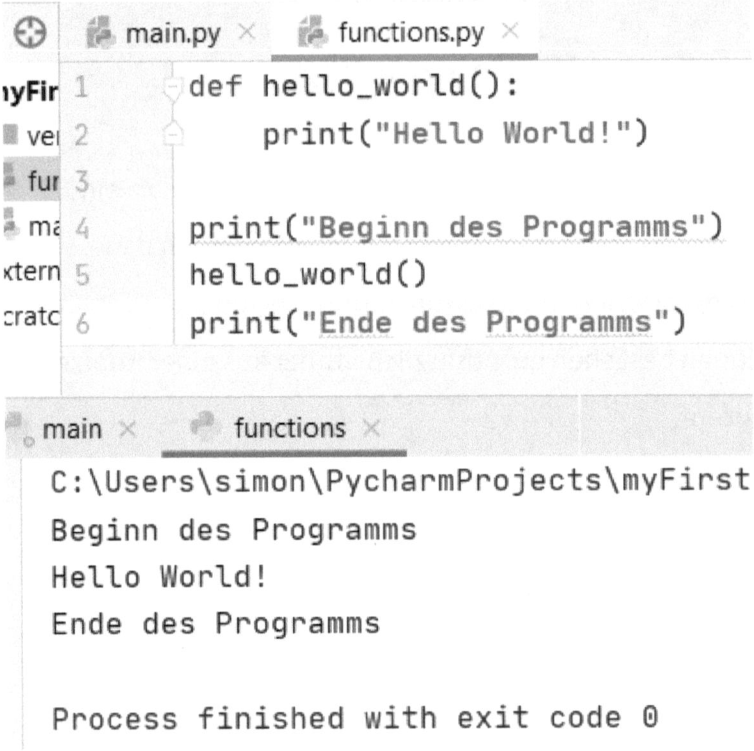

Screenshot 37: Ausführen einer Funktion

Hierbei ist es sehr wichtig zu beachten, dass der Aufruf der Funktion im Code immer erst nach der eigentlichen Funktion stehen darf. Das liegt daran, dass der Python-Interpreter, wie bereits erwähnt, Zeile für Zeile durch das Programm geht. Findet er also einen Funktionsaufruf, dessen zugehörige Funktion er nicht bereits eingelesen hat, so kann er diesen Aufruf nicht verarbeiten. In Screenshot 37 sehen Sie außerdem, dass der Code in der Funktion erst beim Aufruf ausgeführt wird. Es spielt also keine Rolle, wo genau im Code die Funktion steht, solange sie vor dem Aufruf steht.

Die Klammern am Ende des Funktionskopfes können nun dazu genutzt werden, um der Funktion Werte zu übergeben. Diese werden

Parameter genannt. Sie kennen dieses Prinzip bereits von der *print*-Funktion. Hier haben Sie in der Vergangenheit einfach einen String als Parameter übergeben. Die Funktion hat diesen dann verarbeitet – also in diesem Fall ausgegeben.

Eigene Parameter in einer Funktion zu definieren ist recht einfach. Es genügt, diesen einen Namen zu geben und sie durch Kommas getrennt in die Klammern aufzunehmen.

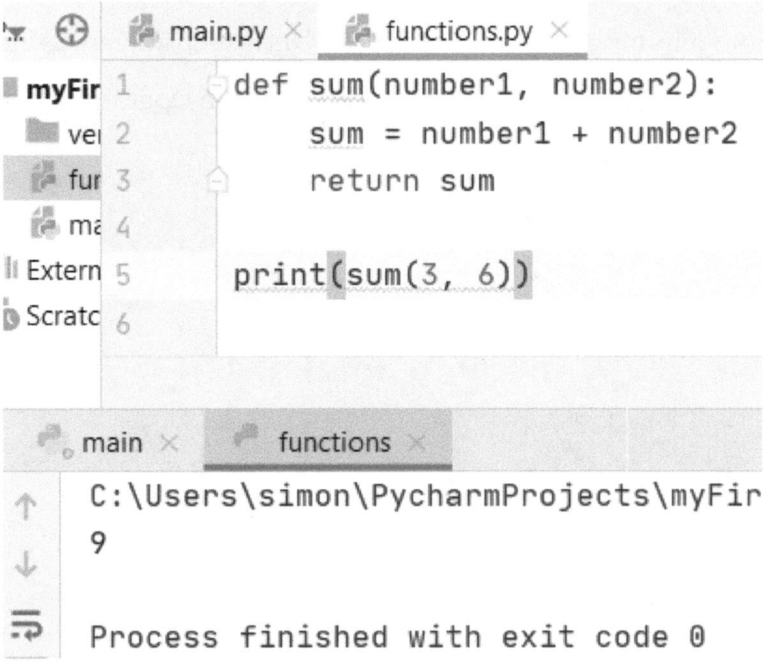

Screenshot 38: Funktion zum Addieren zweier Zahlen

In Screenshot 38 sehen Sie eine einfache Funktion um zwei Zahlen miteinander zu multiplizieren. Damit dies möglich ist, müssen der Funktion natürlich die beiden Zahlen übergeben werden. In diesem Fall wurden die beiden Parameter *number1* und *number2* genannt. In der Funktion werden sie dann einfach addiert. Über das Schlüsselwort *return* wird das Ergebnis dann zurückgegeben. Dadurch wird gewährleistet, dass bei

```
print(sum(3, 6))
```

der Funktionsaufruf *sum(3, 6)* das Ergebnis der Addition annimmt. Der Ausdruck wird also gleichbedeutend mit dem Rückgabewert und kann so als Zahl ausgegeben werden.

Es ist übrigens möglich, die Funktion noch etwas zu kürzen, da auch direkt im *return*-Statement noch mathematische Operationen ausgeführt werden können.

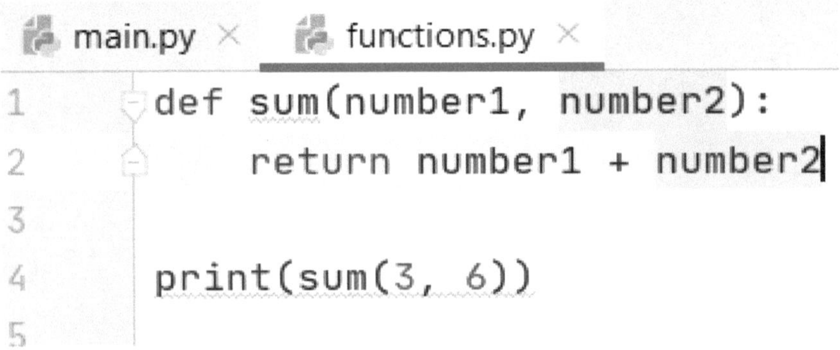

Screenshot 39: Addition im return-Statement

Beachten Sie, dass nach der *return*-Anweisung kein Code mehr innerhalb der Funktion stehen kann. Das *return*-Statement bildet immer die letzte logische Anweisung einer Funktion und springt aus dieser wieder zurück zum Aufruf der Funktion.

8. Objektorientierte Programmierung

Anders als in den bisherigen Kapiteln dieses Buches, gibt es in der realen Welt eine Menge von „Dingen", die sich nicht durch eine einfache String- oder Zahlenvariable beschreiben lassen. Um dieses Problem zu lösen, können wir mithilfe der objektorientierten Programmierung unsere eigenen Datentypen erschaffen. In der objektorientierten Programmierung werden sämtliche Daten soweit wie möglich in Objekte gekapselt. Objekte stellen hierbei die Instanzen der sogenannten Klassen dar. Das bedeutet, dass Klassen sozusagen die Baupläne für Objekte sind. Wie Objekte und Klassen in Python funktionieren und welche Vorteile und Besonderheiten sie bieten, erfahren Sie in diesem Kapitel.

8.1. Klassen und Objekte

Wie bereits angedeutet, stellen Klassen die Baupläne für Objekte dar. Sie legen fest, welche Eigenschaften und Fähigkeiten ein Objekt dieser Klasse besitzt. Eine Klasse kann ganz einfach über das Schlüsselwort *class*, gefolgt vom Namen der Klasse erstellt werden. Hierbei ist zu beachten, dass Klassennamen stets großgeschrieben werden. Zur Verdeutlichung des Klassen-Objekte-Prinzips erstellen wir nun eine Klasse für Autos. Autos haben diverse Eigenschaften, wie Farbe,

Hersteller, Preis oder Leistung. Außerdem besitzen Autos im weitesten Sinne „Fähigkeiten“. Diese Fähigkeiten werden später durch die Funktionen der Klasse Auto ausgedrückt. Sehen wir uns aber zunächst die Erstellung eines Objekts der Klasse Auto an. Um ein Objekt einer Klasse erstellen zu können, muss in dieser Klasse definiert werden, welche Angaben benötigt werden, um das Objekt zu definieren. Hierbei nutzen wir die *__init__* Funktion. Diese wird immer dann aufgerufen, wenn ein neues Objekt dieser Klasse erstellt wird.

```
class Car:

    def __init__(self, color, make, price, power):
        self.color = color
        self.make = make
        self.price = price
        self.power = power
```

Screenshot 40: __init__ Funktion

Die übergebenen Parameter entsprechen hier also den Eigenschaften des Autos. Verschiedene Autos und damit verschiedene Objekte haben natürlich unterschiedliche Eigenschaften und damit auch unterschiedliche Werte. Der Parameter *self* steht für das eigene Objekt. In der *__init__* Funktion wird dann über *self.color, self.make* etc. auf die jeweilige Variable des Objekts zugegriffen.

Der *color*-Variable des Objekts wird dann der Wert des übergebenen *color*-Parameters zugewiesen.

Um ein neues Auto, oder in diesem Fall ein neues Objekt der Klasse Auto, erzeugen zu können, legen wir nun eine zweite Python-Datei an.

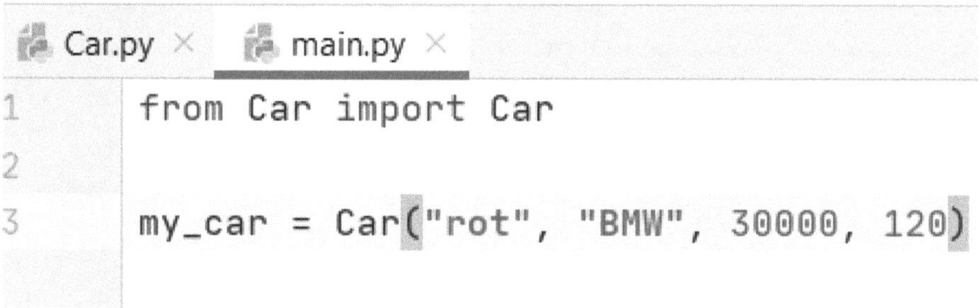

Screenshot 41: Erstellen eines neuen Objekts der Klasse „Car“

Um auf eine Klasse aus einer anderen Datei zugreifen zu können, muss die entsprechende Klasse zuerst importiert werden.

```
from Dateiname import Klassenname
```

In diesem Fall importieren wir also die Klasse *Car* aus der Datei *Car*. Anschließend wird die Variable *my_car* erstellt. In dieser Variable wollen wir unser Objekt vom Typ *Car* abspeichern. Das Objekt wird dann einfach über den Namen der Klasse, gefolgt von den in der *__init__* Funktion definierten Parametern, erstellt.

Des weiteren ist es natürlich auch möglich, Objekte ineinander zu verschachteln. So kann man das Beispiel etwa dahingehend erweitern, dass jedes Objekt vom Typ Auto ein Objekt vom Typ Motor enthalten muss. Die Leistung des Autos würde dann nicht mehr direkt zum Auto gehören, sondern zum entsprechenden Motor. Eine Klasse *Engine* könnte wie folgt aussehen.

```python
class Engine:

    def __init__(self, power, torque):
        self.power = power
        self.torque = torque
```

Screenshot 42: Klasse Engine

Die Klasse *Car* muss nun entsprechend angepasst werden. Es muss die Klasse *Engine* importiert werden. Außerdem muss die *__init__* Funktion der Klasse *Car* angepasst werden. Hier gibt es verschiedene Möglichkeiten, die hier kurz aufgezeigt werden.

Option 1 – Übergeben des kompletten Objekts:

```python
from Engine import Engine

class Car:

    def __init__(self, color, make, price, engine):
        self.color = color
        self.make = make
        self.price = price
        self.engine = engine
```

Screenshot 43: Übergabe des gesamten Objekts als Parameter

Hier wird ein komplettes Objekt vom Typ *Engine* an die *__init__* Funktion der Klasse *Car* übergeben. Das Objekt muss nur noch der entsprechenden Variable zugewiesen werden.

Option 2 – Erzeugung des Objekts in __init__:

Car.py × Engine.py × main.py ×

```
from Engine import Engine

class Car:

    def __init__(self, color, make, price, power, torque):
        self.color = color
        self.make = make
        self.price = price
        self.engine = Engine(power, torque)
```

Screenshot 44: Übergabe einzelner Werte und Erzeugung des Objekts

In diesem Fall werden die Motordaten als einzelne Parameter übergeben. Es ist also nötig, aus diesen Daten ein neues Objekt vom Typ *Engine* zu erzeugen.

Für alle folgenden Beispiele des Kapitel 8.1. nutzen wir nun allerdings Option 1. Das bedeutet: Wir übergeben beim Erstellen eines neuen Objekts vom Typ *Car* direkt ein Objekt des Typs *Engine* und nicht die einzelnen Motordaten. Somit ändert sich die Erzeugung unseres Objektes vom Typ *Car* wie in Screenshot 45 zu sehen.

Car.py × Engine.py × main.py ×

```
from Car import Car
from Engine import Engine

my_car = Car("rot", "BMW", 30000, Engine(120, 185))
```

Screenshot 45: Erzeugen eines Objektes vom Typ Car inklusive Engine

Alternativ zu dieser Vorgehensweise kann auch bereits im Voraus ein Objekt des Typs *Engine* erstellt und gespeichert werden. Dieses kann dann in verschiedenen Autos „verbaut" werden.

```
Car.py   Engine.py   main.py

from Car import Car
from Engine import Engine

big_engine = Engine(250, 390)
small_engine = Engine(145, 225)

my_car = Car("rot", "BMW", 30000, big_engine)
another_car = Car("blau", "VW", 23000, small_engine)
my_third_car = Car("schwarz", "Ferrari", 250000, big_engine)
```

Screenshot 46: Verschiedene Objekte der Klasse Car, die teilweise mit demselben Objekt der Klasse Engine erzeugt werden

Sie haben nun gelernt verschiedene Objekte einer Klasse zu erstellen. Diese Objekte beinhalten verschiedene Daten und sind dadurch einzigartig. Außerdem wissen Sie, wie Sie Objekte ineinander kapseln können, um so logische Architekturen nach dem Vorbild der Realität zu erzeugen.

Wie in der Einleitung des Kapitels bereits erwähnt, haben Objekte nach dem Vorbild reeller Dinge aber oft nicht nur Eigenschaften, sondern auch Fähigkeiten. Diese kann man in Form von Funktionen realisieren. Um unser Auto-Beispiel zu vervollständigen, könnte man beispielsweise Funktionen, also Fähigkeiten wie „Gas geben" oder „Bremsen" implementieren.

Car.py × Engine.py × main.py ×

```python
from Engine import Engine

class Car:

    def __init__(self, color, make, price, engine):
        self.color = color
        self.make = make
        self.price = price
        self.engine = engine

    def accelerate(self):
        print("Das Auto wird schneller!")

    def brake(self):
        print("Das Auto bremst ab!")
```

Screenshot 47: Funktionen im Objekt

Auf die in Screenshot 47 implementierten Funktionen kann dann ganz einfach über das Objekt zugegriffen werden – siehe Screenshot 48.

```
from Car import Car
from Engine import Engine

big_engine = Engine(250, 390)
small_engine = Engine(145, 225)

my_car = Car("rot", "BMW", 30000, big_engine)
another_car = Car("blau", "VW", 23000, small_engine)
my_third_car = Car("schwarz", "Ferrari", 250000, big_engine)

my_car.accelerate()
my_car.brake()
```

```
C:\Users\simon\PycharmProjects\myFirstProject\venv\Scripts\python.
Das Auto wird schneller!
Das Auto bremst ab!

Process finished with exit code 0
```

Screenshot 48: Die Funktionen des Objekts werden aufgerufen

8.2. Vererbung

Eines der wichtigsten Prinzipien objektorientierter Programmierung ist die sogenannte Vererbung. Ähnlich wie in der Biologie, übertragen die Eltern hierbei ihre Eigenschaften und Fähigkeiten auf ihre Kinder. Auf die objektorientierte Programmierung übertragen bedeutet das, dass es Eltern- und Kind-Klassen gibt. Die Kind-Klassen erben von den Eltern-Klassen und übernehmen so deren Funktionen etc. Dies kann am einfachsten anhand eines realistischen Beispiels erklärt werden. Angenommen, die Klasse Fahrzeug ist unsere Eltern-Klasse, also die

Klasse, von der die anderen Klassen erben werden. Diese anderen Klassen könnten zum Beispiel die Klassen Auto, Boot und Fahrrad sein. Alle drei dieser Klassen sind Fahrzeuge. Trotzdem unterscheiden sie sich in vielen Punkten recht drastisch voneinander. Dennoch haben sie einen gemeinsamen Grundstock an Eigenschaften und Fähigkeiten. Sie sind in der Lage zu beschleunigen und zu bremsen. Sie haben alle ein Gewicht, eine Höchstgeschwindigkeit und eine bestimmte Anzahl an Sitzplätzen. Trotzdem gibt es auch einige Unterschiede. Ein Fahrrad hat im Gegensatz zum Auto keinen Motor. Boote gibt es sowohl motorisiert als auch in anderen Ausführungen. Diese Besonderheiten müssen in der jeweiligen Klasse explizit ergänzt werden und können nicht von der Klasse Fahrzeug übernommen werden. In Python ist es möglich von mehreren Elternklassen gleichzeitig zu erben. So kann man zum Beispiel eine Klasse Wohnmobil erstellen, die gleichzeitig von den Klassen Haus und Fahrzeug erben könnte. Um von einer Klasse zu erben, muss diese natürlich am Anfang des Codes importiert werden. Dann kann die Elternklasse einfach hinter der erbenden Klasse in Klammern erwähnt werden.

```
class Vehicle:

      #Der Code der Elternklasse


class Car(Vehicle):

      #Der Code der Kindklasse
```

Da *Car* nun von *Vehicle* erbt, können auch die entsprechenden Funktionen, die für alle Fahrzeuge gleich sind, direkt in *Vehicle* implementiert werden. Diese können dann auch für *Car* Objekte aufgerufen werden.

Car.py × Engine.py × main.py × Vehicle.py ×

```python
class Vehicle:
    def accelerate(self):
        print("Das Fahrzeug wird schneller!")

    def brake(self):
        print("Das Fahrzeug bremst ab!")
```

Screenshot 49: Elternklasse Vehicle mit Funktionen

Car.py × Engine.py × main.py × Vehicle.py ×

```python
from Vehicle import Vehicle

class Car(Vehicle):

    def __init__(self, color, make, price, engine):
        self.color = color
        self.make = make
        self.price = price
        self.engine = engine
```

Screenshot 50: Car erbt von Vehicle – Funktionen sind bereits dort implementiert

Obwohl die Funktionen *accelerate* und *brake* nicht mehr direkt in der Klasse *Car* implementiert sind, sondern nun von der Elternklasse geerbt werden, können sie immer noch für Objekte des Typs *Car* aufgerufen werden – siehe Screenshot 51.

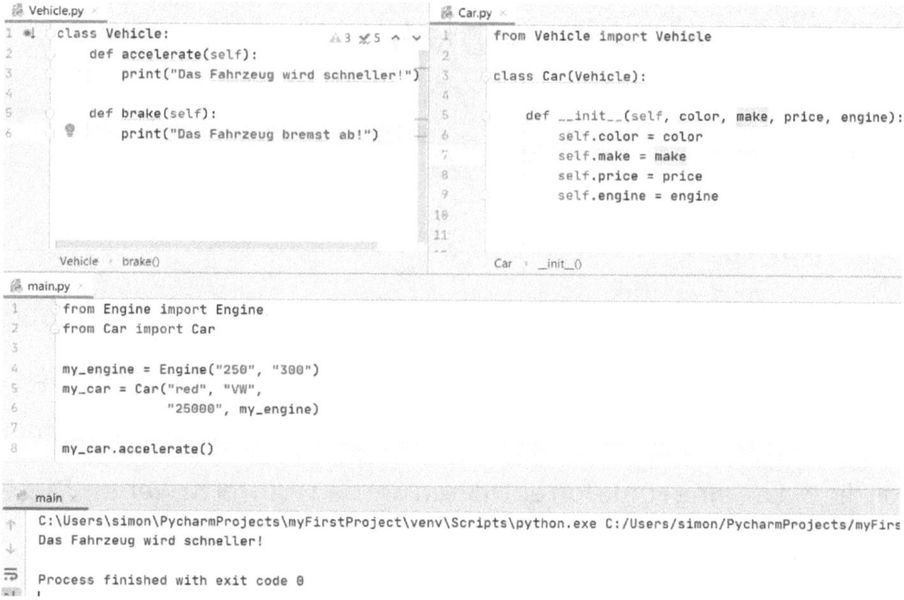

Screenshot 51: Aufruf der Funktion accelerate() eines Objekts der Klasse Car, obwohl sie nur in der Klasse Vehicle implementiert ist

Will man eine Funktion für eine Kindklasse speziell anpassen, so kann diese einfach überschrieben werden. Wie in Screenshot 49 bereits zu sehen war, gibt die Funktion *accelerate* momentan aus „Das Fahrzueg wird schneller!". Um zur ursprünglichen Formulierung „Das Auto wird schneller!" zurückzukehren, kann die Funktion einfach wieder in die Klasse *Car* aufgenommen werden. Wird dann für ein *Car*-Objekt die Funktion *accelerate* aufgerufen, so wird die Funktion der Klasse *Car* ausgeführt werden. Für alle anderen Fahrzeuge, die von der Klasse *Vehicle* erben, bleibt aber die Funktion der Klasse *Vehicle* relevant. Eine Boot-Klasse würde somit immer noch „Das Fahrzeug wird schneller!" ausgeben.

8.3. Übungen zur objektorientierten Programmierung

Übung 4 – Würfeln

Programmieren Sie eine Klasse „Würfel". Diese Klasse soll dazu genutzt werden Objekte vom Typ „Würfel" zu erstellen. Es soll möglich sein, Würfel mit unterschiedlichen Seitenzahlen zu erschaffen. Außerdem soll die Klasse eine Funktion enthalten um den Würfel zu werfen. Diese Funktion soll dann die geworfene Augenzahl zurückgeben.

Legen Sie eine zweite Python-Datei an, in der die Objekte des Typs „Würfel" erzeugt werden. Schreiben Sie hier eine Funktion, der Sie als Parameter ein Objekt vom Typ Würfel übergeben. Übergeben Sie zusätzlich noch eine Variable, die angibt, wie oft dieser Würfel geworfen werden soll. Die Funktion soll dann die Gesamtzahl der geworfenen Augen zurückgeben.

Übung 5 – Personalverwaltung

Eine Firma benötigt ein Programm um ihre Mitarbeiter zu verwalten. Die Anforderungen sind folgende:

- Es soll eine Klasse Person geben, in der Name und Gehalt dieser Person gespeichert werden. Außerdem soll es eine Funktion geben, die die Daten der Person auf der Konsole ausgibt – weitere Informationen hierzu am Ende dieser Aufgabenstellung.
- Von der Klasse Person sollen die Klassen Mitarbeiter, Praktikant und Führungskraft erben. Praktikanten haben neben dem Namen und ihrem Gehalt noch das zusätzliche Attribut *Praktikumsdauer.* Führungskräfte bekommen einen Bonus von 50% auf ihr Gehalt.

Zur Ausgabe der Personendaten können Sie die Funktion *__str__* überschreiben. Diese legt fest, wie Objekte in Python von der *print()*-Funktion ausgegeben werden. Hier ein kleines Beispiel:

Car.py × main.py ×

```python
from Engine import Engine
from Car import Car

my_engine = Engine(250, 300)
my_car = Car("red", "VW",
             25000, my_engine)

print(my_car)
```

main ×

```
C:\Users\simon\PycharmProjects\myFirstF
<Car.Car object at 0x000002823863EDF0>

Process finished with exit code 0
```

Screenshot 52: Ein Objekt als Parameter der print()-Funktion

Wird ein ganzes Objekt als Parameter an die *print()*-Funktion übergeben, so wird nur die Speicheradresse dieses Objektes ausgegeben. Natürlich ist es möglich, die einzelnen Attribute des Objekts einzeln in die *print()*-Funktion aufzunehmen um eine sinnvolle Ausgabe zu generieren. Will man Objekte einer Klasse häufiger ausgeben, entsteht hier allerdings schnell ein enormer Aufwand.

Um dieses Problem zu lösen, kann in der Klasse *Car* selbst die Ausgabe angepasst werden. Dies geschieht über die *__str__* Funktion. Diese erlaubt es dem Programmierer eine Ausgabe nach seinen Wünschen zu gestalten – siehe Screenshots 53 und 54.

Car.py × main.py ×

```python
from Vehicle import Vehicle

class Car(Vehicle):

    def __init__(self, color, make, price, engine):
        self.color = color
        self.make = make
        self.price = price
        self.engine = engine

    def __str__(self):
        return "A " + self.color + " Car made by " \
               + self.make + " which costs " \
               + str(self.price) + ". Engine -> Power: " \
               + str(self.engine.power) + " Torque: "\
               + str(self.engine.torque)
```

Screenshot 53: __str__ Funktion der Klasse Car

Car.py × main.py ×

```python
from Engine import Engine
from Car import Car

my_engine = Engine(250, 300)
my_car = Car("red", "VW",
             25000, my_engine)

print(my_car)
```

main ×

```
C:\Users\simon\PycharmProjects\myFirstProject\venv\Scripts\python.exe C:
A red Car made by VW which costs 25000. Engine -> Power: 250 Torque: 300

Process finished with exit code 0
```

Screenshot 54: Ausgabe der __str__ Funktion

Lösung zu Übung 4

main_dice.py × dice.py ×

```
import random

class Dice:

    def __init__(self, sides):
        self.sides = sides

    def roll_dice(self):
        return random.randint(1, self.sides)
```

Screenshot 55: Die Klasse Dice

Die Klasse für den Würfel (Englisch: Dice) ist relativ einfach aufgebaut. Beim Erzeugen eines neuen Objektes vom Typ Würfel wird einfach nur die gewünschte Anzahl Seiten übergeben. In der *__init__* Funktion wird dieser Wert dann der Variable *self.sides* des Würfel Objekts zugewiesen. Zusätzlich enthält die Klasse eine Funktion um den Würfel zu werfen. In dieser wird in Abhängigkeit der Seitenzahl eine Zufallszahl berechnet. Diese wird dann zurückgegeben.

main_dice.py × dice.py ×

```python
from dice import Dice

some_dice = Dice(6)
some_bigger_dice = Dice(9)

def roll_dice_x_times(dice, throws):
    total_eyes = 0
    for x in range(throws):
        total_eyes += dice.roll_dice()
    return total_eyes

print(roll_dice_x_times(some_dice, 16))
print(roll_dice_x_times(some_bigger_dice, 4))
```

Screenshot 56: Würfelspiel

In der zweiten Datei wird dann die Klasse „Würfel" bzw. *Dice* importiert. Anschließend werden zwei Objekte dieses Typs erstellt. Der erste Würfel ist ein gewöhnlicher Würfel mit sechs Seiten. Der zweite Würfel ist etwas größer und besitzt neun Seiten.

Der Funktion *roll_dice_x_times* werden ein Würfelobjekt und die gewünschte Anzahl der Würfe als Parameter übergeben. Dann wird eine Variable erzeugt, um die Gesamtzahl der geworfenen Augen zu speichern. Im Anschluss folgt eine for-Schleife, die den Wurf so oft wiederholt, bis die übergebene Anzahl Würfe erreicht ist. In dieser Schleife wird die Variable für die Gesamtzahl der geworfenen Augen bei jedem Durchlauf erhöht. Diese Erhöhung wird jeweils über die Funktion des Würfelobjekts *roll_dice()* berechnet. Nach Abschluss aller gewünschten Würfe wird das Ergebnis zurückgegeben.

Am Ende des Programms werden die beiden Objekte des Typs Würfel geworfen. Der sechsseitige Würfel wird 16-mal geworfen und der neunseitige Würfel vier Mal.

Lösung zu Übung 5

Zuerst wird die Elternklasse *Person* erzeugt. Von dieser Klasse sollen die anderen Klassen später erben. Die Klasse *Person* speichert den Namen sowie das Gehalt der Person. Außerdem wird die *__str__* Funktion überschrieben um eine sinnvolle Ausgabe zu erzeugen.

Person.py × Intern.py × Manager.py × Staff.py × main.py

```
class Person:

    def __init__(self, name, salary):
        self.name = name
        self.salary = salary

    def __str__(self):
        return self.name + " verdient "\
               + str(self.salary) + "€ monatlich."
```

Screenshot 57: Klasse Person

Die Klasse *Intern* (englisch für „Praktikant“) erbt nun von der Klasse *Person.* Zu diesem Zweck muss diese Klasse natürlich importiert werden. Des Weiteren wird die *__init__* Funktion abgeändert, sodass auch die Praktikumsdauer abgespeichert werden kann. Für die Attribute *name* und *salary* wird hierbei die *__init__* Funktion der Elternklasse aufgerufen. Dies geschieht über *Person.__init__().* Außerdem wird die *__str__* Funktion überschrieben. Auch hier wird die *__str__* Funktion der Elternklasse aufgerufen und an deren Rückgabewert nochmals ein Satz angefügt.

Person.py | Intern.py | Manager.py | Staff.py | main.py

```
from uebung_personal.Person import Person

class Intern(Person):

    def __init__(self, name, salary, duration):
        Person.__init__(self, name, salary)
        self.duration = duration

    def __str__(self):
        return Person.__str__(self) \
               + " Sein/Ihr Praktikum dauert "\
               + str(self.duration) + " Monate."
```

Screenshot 58: Die Klasse Intern

Die Klasse *Staff* (englisch für „Personal/Mitarbeiter") ist recht kurz. Sie muss weder zusätzliche Informationen speichern, noch dir *__str__* Funktion überschreiben. Somit wird einfach nur die *__init__* Funktion der Elternklasse aufgerufen. In Screenshot 59 sehen Sie eine zweite Möglichkeit wie dies geschehen kann – nämlich über das Schlüsselwort *super.*

Person.py × Intern.py × Manager.py × Staff.py × main.py ×

```
from uebung_personal.Person import Person

class Staff(Person):

    def __init__(self, name, salary):
        super(Staff, self).__init__(name, salary)
```

Screenshot 59: Die Klasse Staff

In der Klasse *Manager* schließlich, wird auf das Gehalt der Person noch der Bonus von 50% aufgeschlagen. Analog zur Klasse *Staff* wird auch hier sonst nichts weiter verändert.

Person.py × Intern.py × Manager.py × Staff.py × main.py ×

```
from uebung_personal.Person import Person

class Manager(Person):

    def __init__(self, name, salary):
        super(Manager, self).__init__(name, salary * 1.5)
```

Screenshot 60: Die Klasse Manager

Schließlich müssen alle drei Kindklassen in einer externen Datei importiert werden. Beachten Sie, dass zusätzliche Unterordner beim Importieren von Klassen eine Rolle spielen. Da beim Autor alle Dateien dieser Übung im Ordner *uebung_personal* liegen, muss dieser Pfad mit angegeben werden. Die Datei *main.py* hat also drei Importe, gefolgt von der Erzeugung der Objekte. Schließlich werden die Attribute der Objekte ausgegeben. Achten Sie hier darauf, dass beim Praktikanten der zusätzliche Satz angezeigt wird. Des Weiteren, sollte das Gehalt des

Managers 50% höher sein. Hat alles geklappt, sollten Sie eine Ausgabe ähnlich der in Screenshot 61 erhalten.

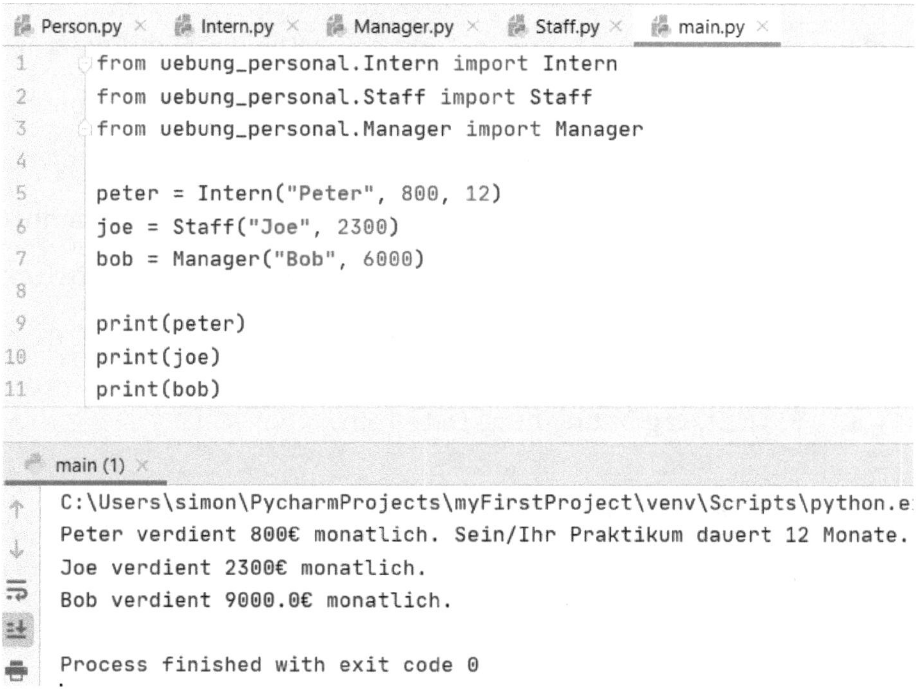

Screenshot 61: Ausgabe der Objekte

9. Exception Handling

Trotz sorgfältigem Programmieren und einer IDE, die dem Programmierer unter die Arme greift, kann es zu Programmabstürzen kommen. Diese Abstürze werden oft durch sogenannte Exceptions versursacht. Exceptions sind Fehler, die während der Ausführung eines Programms auftreten können. Unbehandelt führen diese Fehler oft zum Absturz des Programms. Verbreitete Fehlerquellen sind:

» Ein Nutzer gibt ungültige Daten ein

» Eine Datei soll geöffnet werden, existiert aber nicht

» Es wird versucht auf einen ungültigen Speicherplatz innerhalb einer Liste oder Ähnlichem zuzugreifen

In diesem Kapitel lernen Sie, wie Sie diese Fehler vermeiden, beziehungsweise abfangen können.

9.1. Fehlerquellen erkennen

Fehler sind in Python keine einheitliche Kategorie. Die wohl am häufigsten auftretenden Fehler bei Programmieranfängern sind die syntaktischen Fehler. Wenn irgendwo ein Doppelpunkt oder eine Klammer vergessen wurde, wird Python einen *SyntaxError* produzieren. Diese Fehlerquelle wird durch eine IDE größtenteils neutralisiert, da bereits beim Schreiben des Codes auf fehlende syntaktische Elemente hingewiesen wird. PyCharm unterkringelt hier neben der eigentlichen Fehlerstelle auch den Dateinamen rot – siehe Screenshot 62.

Screenshot 62: Warnhinweis der IDE

Aber auch wenn ein Programm syntaktisch einwandfrei ist, kann es beim Ausführen des Programms zu Fehlern kommen. Python kennt eine Vielzahl an unterschiedlichen Fehlern, die in unterschiedlichen Situationen „geworfen“ werden.

Meist handelt es sich hierbei um Fehler in der Logik des Programms. Ein klassisches Beispiel wäre der Zugriff auf das fünfte Element einer Liste, die nur 4 Elemente enthält. In diesem Fall erhalten Sie einen IndexError.

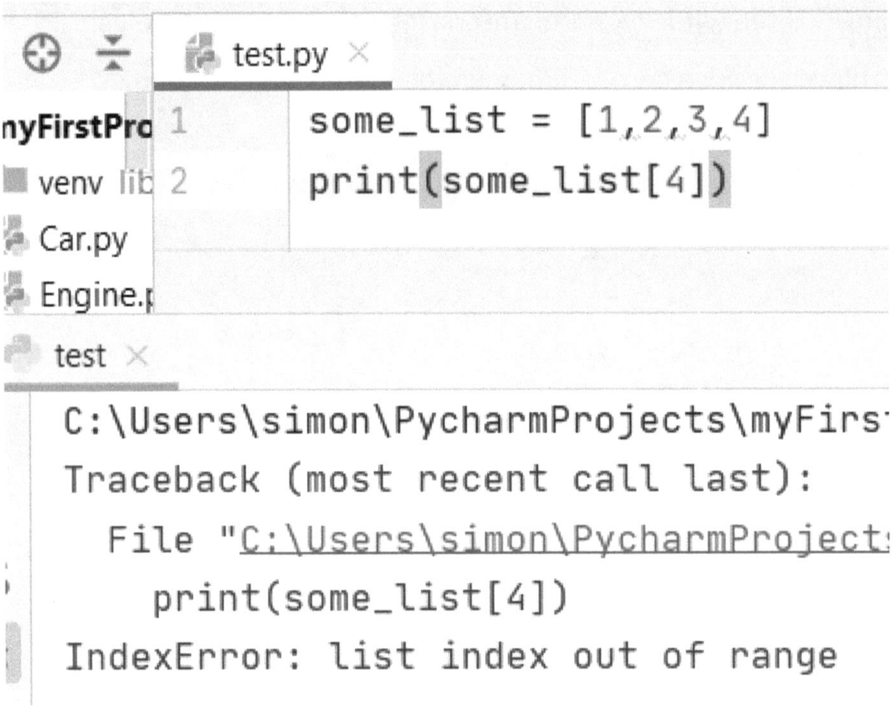

Screenshot 63: IndexError beim Zugriff auf ein nicht vorhandenes Listen-element

Wie in Screenshot 63 zu sehen ist, wird in der Konsole sowohl der Error, als auch die entsprechende Stelle angegeben, an der diese Exception aufgetreten ist. Somit ist der Fehler oft schnell gefunden.

9.2. Fehler abfangen und verarbeiten

Werfen wir einen genaueren Blick auf ein sehr oft auftretendes Fehler-Szenario. Es soll eine Datei geöffnet werden, die irgendwo auf der Festplatte liegt. Wird die Datei gefunden und kann geöffnet werden, so ist dies recht einfach. Wird die Datei allerdings nicht gefunden, so tritt ein FileNotFoundError auf – seihe Screenshot 64.

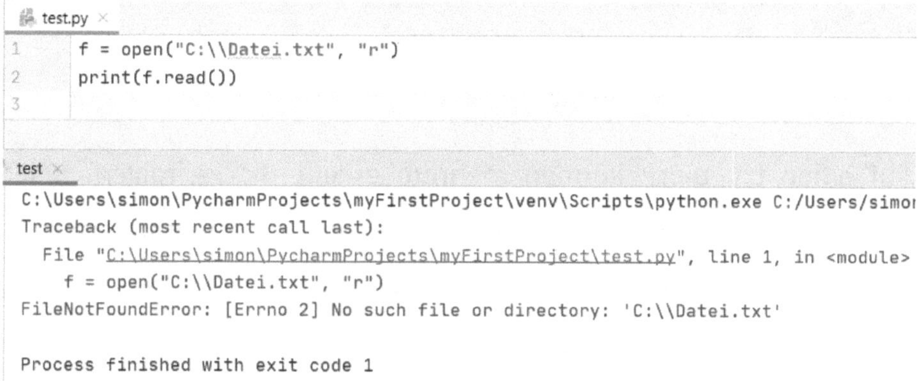

Screenshot 64: FileNotFoundError

Da nicht immer garantiert werden kann, dass Dateien geöffnet werden können, muss der Programmierer diese Möglichkeit bedenken und entsprechende Vorsichtsmaßnahmen treffen. Üblicherweiße nutzt man zur Behandlung von Fehlern eine try-except-Anweisung. Diese ermöglicht es, Code auszuführen, der möglicherweise eine Exception produzieren könnte. Ein try-except-Block funktioniert folgendermaßen:

- Code im try-Block wird ausgeführt
- Tritt ein Fehler auf, wird die Ausführung des Codes im try-Block abgebrochen und der entsprechende except-Block wird ausgeführt

- Tritt kein Fehler auf, wird der try-Block komplett abgearbeitet – der except-Block wird in diesem Fall nie ausgeführt.

Die Syntax eines solchen try-except-Blocks ist recht einfach:

```
try:
	#der Code der einen Fehler werfen könnte
except:
	#der Code nach Auftreten des Fehlers
```

Auf einen try-Block können mehrere except-Blöcke folgen. Jeder except-Block kann somit für eine Art von Fehler programmiert werden. Dies ist sinnvoll, wenn verschiedene Fehler auftreten können, aufgrund derer man verschiedene Maßnahmen ergreifen möchte.

```
try:
	#der Code der einen Fehler werfen könnte
except ErrorType1:
	#der Code nach Auftreten des Fehlertyps 1
except ErrorType2:
	#der Code nach Auftreten des Fehlertyps 2
except ErrorType3:
	#der Code nach Auftreten des Fehlertyps 3
```

Will man für verschiedene Fehlerarten dieselbe Fehlerbehandlungsroutine verwenden, so ist es auch möglich, mehrere Arten von

Exceptions mit Hilfe einer Oder-Verknüpfung innerhalb einens einzigen except-Blocks zu behandeln.

```
try:
        #der Code der einen Fehler werfen könnte
except ErrorType1 or ErrorType2:
        #Code bei Auftreten des Fehlertyps 1 oder 2
```

Am Ende eines try-except-Blocks kann optional noch ein else-Block folgen. Code, der in diesem else-Block steht, wird nur dann ausgeführt, wenn kein Fehler geworfen wurde und der except-Block übersprungen wurde.

```
try:
        #der Code der einen Fehler werfen könnte
except:
        #der Code nach Auftreten des Fehlers
else:
        # der Code nach Ausbleiben von Fehlern
```

Ein try-Block braucht immer mindestens einen except-Block. Der else-Block kommt immer nach allen except-Blöcken und kann pro try-except-else-Konstrukt immer nur einmal vorkommen.

10. Was Sie als Python-Programmierer wissen sollten

10.1. Vergleich von Objekten und Variablen

In Kapitel 5.4 haben Sie bereits gelernt, wie man zwei Variablen miteinander vergleichen kann. Auch Objekte lassen sich ein Stück weit miteinander vergleichen. Natürlich macht es hier meistens keinen Sinn mit größer oder kleiner Operatoren zu arbeiten. Gleichheit und Ungleichheit zweier Objekte kann aber oft wichtig sein. Versucht man nun zwei Objekte miteinander zu vergleichen, so fällt schnell auf, dass der == Operator hier an seine Grenzen stößt – siehe Screenshot 65. Das liegt daran, dass der == Operator nicht die Attribute der beiden Objekte vergleicht, sondern deren Speicheradressen. Der == Operator überprüft also, ob es sich bei beiden Objekten um das identische Objekt handelt.

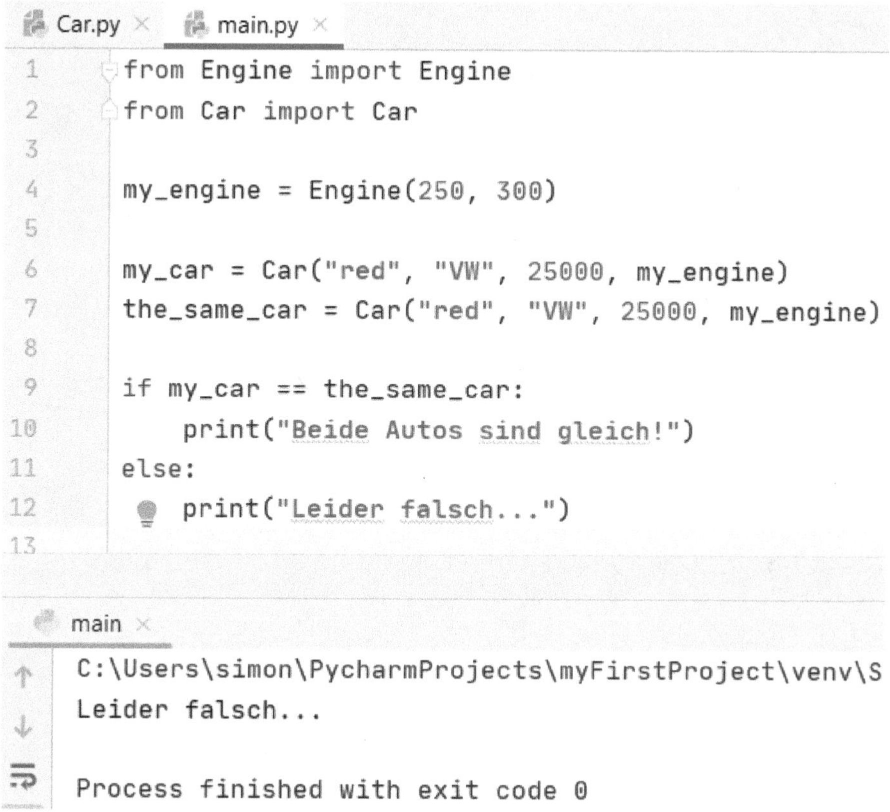

Screenshot 65: Vergleich zweier Objekte mit ==

Um dieses Problem zu lösen, muss also eine andere Form des Vergleichs gefunden werden. Hier kommt eine weitere von Python standardmäßig angebotene Funktion ins Spiel. Dabei handelt es sich um die *__eq__* Funktion. Diese vergleicht die Inhalte von Objekten. Somit können wir die in Screenshot 65 dargestellte Situation folgendermaßen ändern.

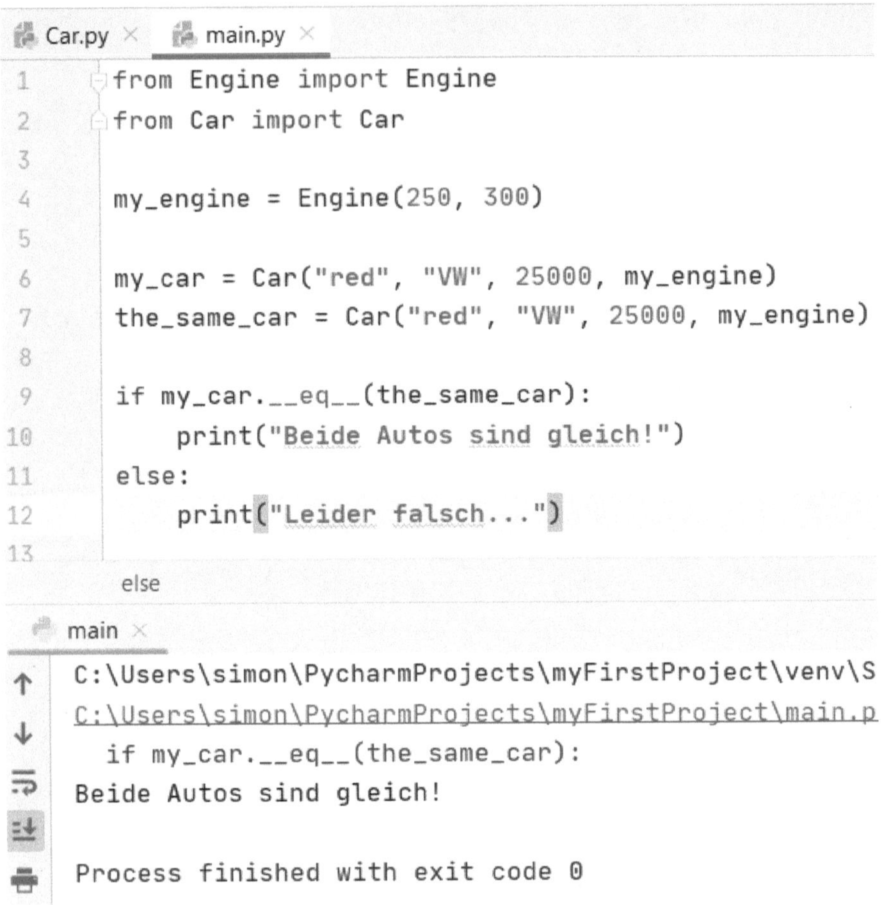

Screenshot 66: __eq__ Funktion um Objekte zu vergleichen

Damit dies funktioniert ist allerdings noch ein weiterer Schritt nötig. In der Klasse, deren Objekte verglichen werden sollen, muss nämlich noch die Funktion *__eq__* überschrieben werden. Hierbei sollte zuerst geprüft werden, ob die zu vergleichenden Objekte auch wirklich Objekte derselben Klasse sind. Ist dies der Fall, werden einfach alle Attribute miteinander verglichen und verknüpft – siehe Screenshot 67.

```python
    def __eq__(self, other):
        if not isinstance(other, Car):
            # in case you compare two objects of different classes
            return NotImplemented

        return self.color == other.color \
               and self.make == other.make \
               and self.price == other.price \
               and self.engine == other.engine

```

Screenshot 67: Überschreiben der __eq__ Funktion

Der Nachteil dieses Vorgehens ist, dass die Objekte nun nicht mehr in Datenstrukturen wie Sets oder Dictionaries gespeichert werden können.

10.2. Python 2 und Python 3

Wie bereits am Anfang des Buches erwähnt, gibt es hier eine kleine Zusammenfassung der wichtigsten Unterschiede zwischen Python 2 und Python 3.

Python 3	**Python 2**
print(„Hello World!")	print „Hello World!"
3/2 ergibt 1,5	3/2 ergibt 1 - da ganzzahlige Werte verwendet wurden, ist das Ergebnis auch eine Ganzzahl
Einfachere Syntax	Etwas kompliziertere Syntax
Python 3 wird auch in Zukunft weiterentwickelt	Am 20.04.2020 erschien die letzte Python 2 Version – Python 2 wird nicht mehr weiterentwickelt.

11. Programmieren mit ChatGPT

Wie im Kapitel zur künstlichen Intelligenz bereits beschrieben, können Large Language Models (LLMs) sehr gut mit Text umgehen und diesen erzeugen. Auch Code ist im Endeffekt nichts anderes als Text. Ähnlich wie natürliche Sprachen folgt er bestimmten Regeln und kann von AI-Modellen automatisch generiert werden. Der Unterschied zu natürlichen Sprachen liegt allerdings darin, dass bei einer menschlichen Sprache ein fehlendes oder falsch gesetztes Wort oft keine großen Auswirkungen auf Verständlichkeit und Sinnhaftigkeit hat. Bei einer Programmiersprache hingegen machen kleine Abweichungen oftmals einen großen Unterschied, da das Programm nicht mehr genau so funktioniert, wie es eigentlich soll – wir sprechen also von einem Bug. Da wäre es doch klasse, wenn uns ChatGPT auch da helfen könnte, oder?

Im folgenden Kapitel werden Sie einige Anwendungsfälle von künstlicher Intelligenz kennen lernen, die bei Ihren alltäglichen Programmiertätigkeiten nützlich sein können.

PS: Dieses Kapitel entstand in Zusammenarbeit mit ChatGPT.

11.1. Codegenerierung

Die Codegenerierung mit ChatGPT ist der naheliegendste Anwendungsfall. Analog zur Textgenerierung gibt man dem Modell hierbei einfach eine möglichst genaue Handlungsanweisung. Ein einfaches Beispiel wäre folgendes:

Eingabe:

Ich programmiere in Python und hätte gern eine Funktion, die die Summe zweier Zahlen berechnet

Als Ergebnis dieser Eingabe, habe ich folgende Ausgabe von ChatGPT erhalten. Beachten Sie bitte, dass die künstliche Intelligenz nicht immer dieselbe Ausgabe erzeugt. Wenn Sie also dieselbe Eingabe tätigen, kann unter Umständen eine abweichende Ausgabe generiert werden.

```
def berechne_summe(a, b):

    return a + b

# Beispielverwendung:

zahl1 = 5

zahl2 = 10

ergebnis = berechne_summe(zahl1, zahl2)

print("Die Summe von", zahl1, "und", zahl2, "ist:", ergebnis)
```

In diesem Code:

Wir definieren eine Funktion namens berechne_summe, die zwei Parameter a und b akzeptiert.

Innerhalb der Funktion verwenden wir den + Operator, um a und b zusammenzurechnen.

Die return Anweisung gibt die Summe der beiden Zahlen zurück.

Schließlich zeigen wir, wie man die Funktion verwendet, indem man ihr zwei Zahlen (zahl1 und zahl2) übergibt und das Ergebnis ausgibt.

Du kannst diese Funktion mit beliebigen zwei Zahlen aufrufen, und sie wird ihre Summe zurückgeben.

Das Modell hat also nicht nur die korrekte Funktion geliefert, sondern diese auch noch erklärt. Das ist vor allem für Anfänger sehr hilfreich. Allerdings handelt es sich bei diesem Beispiel um eine sehr einfache Funktion, deren Richtigkeit schnell verifiziert werden kann. Ein etwas komplexeres Beispiel ist die Validierung von E-Mail-Adressen:

Eingabe:

Gib mir eine Funktion, die einen String entgegennimmt und validiert, ob dieser dem Format einer gültigen E-Mail-Adresse entspricht

Ausgabe:

```
import re

def validate_email(email):

    # Regulärer Ausdruck für die Überprüfung einer E-
Mail-Adresse

    pattern = r'^[a-zA-Z0-9._%+-]+@[a-zA-Z0-9.-]+\.[a-
zA-Z]{2,}$'


    # Überprüfen, ob der String dem Muster entspricht

    if re.match(pattern, email):

        return True

    else:

        return False


# Beispielverwendung:

email1 = "example@example.com"

email2 = "invalid_email.com"


print("Ist", email1, "eine gültige E-Mail-Adresse?", va-
lidate_email(email1))
```

```
print("Ist", email2, "eine gültige E-Mail-Adresse?", validate_email(email2))
```

Ebenso wie zuvor bekommen wir nach der Funktion auch noch eine entprechende Erklärung der einzelnen Codeteile und Anwendungsbeispiele:

In diesem Code:

Wir importieren das re-Modul, um reguläre Ausdrücke zu verwenden.

Das reguläre Ausdrucksmuster pattern überprüft, ob der String das Format einer E-Mail-Adresse hat. Es überprüft auf einen Teil vor dem '@'-Zeichen, gefolgt von einem '@'-Zeichen, gefolgt von einem Teil nach dem '@'-Zeichen, einem '.' und einer Top-Level-Domain (TLD).

Die re.match()-Funktion sucht nach Übereinstimmungen des Musters am Anfang des Strings.

Die Funktion validate_email gibt True zurück, wenn das Muster gefunden wird, andernfalls gibt sie False zurück.

Diese Funktion kann verwendet werden, um zu überprüfen, ob ein String dem Format einer gültigen E-Mail-Adresse entspricht.

Der Code ist funktional richtig und die Erklärung auch. Allerdings lässt sie den komplexesten Teil erst einmal außen vor – die Erklärung des regulären Ausdrucks, der hier als Muster verwendet wird um die Eingabedaten zu prüfen. Auf Nachfrage liefert ChatGPT aber auch hier eine faktisch korrekte und zufriedenstellende Antwort:

Eingabe:

Erkläre mir den Ausdruck r'^[a-zA-Z0-9._%+-]+@[a-zA-Z0-9.-]+\.[a-zA-Z]{2,}$'

Ausgabe:

Der reguläre Ausdruck r'^[a-zA-Z0-9._%+-]+@[a-zA-Z0-9.-]+\.[a-zA-Z]{2,}$' *wird verwendet, um das Format einer E-Mail-Adresse zu überprüfen. Hier ist eine Erläuterung der einzelnen Teile dieses Ausdrucks:*

^*: Das Zeichen* ^ *stellt den Beginn des Strings dar. Dies bedeutet, dass der folgende Ausdruck am Anfang des Strings stehen muss.*

[a-zA-Z0-9._%+-]+*: Dieser Teil des Ausdrucks überprüft den Benutzernamen der E-Mail-Adresse. Hier können Buchstaben (klein und groß), Zahlen und bestimmte Sonderzeichen (wie Punkt* . *, Unterstrich* _ *, Prozentzeichen* % *, Pluszeichen* + *und Minuszeichen* - *) vorkommen. Das* + *bedeutet, dass dieser Teil mindestens einmal vorkommen muss, aber auch öfter.*

@*: Das Zeichen* @ *stellt das Trennzeichen zwischen dem Benutzernamen und der Domäne in der E-Mail-Adresse dar.*

[a-zA-Z0-9.-]+: Dieser Teil des Ausdrucks überprüft den Domänenteil der E-Mail-Adresse. Hier können Buchstaben (klein und groß), Zahlen und der Punkt . sowie das Minuszeichen - vorkommen. Auch hier bedeutet das +, dass dieser Teil mindestens einmal vorkommen muss, aber auch öfter.

\.: Das \. überprüft das Vorhandensein eines Punkts (.). Das \ wird verwendet, um das . als Literal zu behandeln, da . in regulären Ausdrücken normalerweise jedes Zeichen repräsentiert.

[a-zA-Z]{2,}: Dieser Teil überprüft die Top-Level-Domain (TLD) der E-Mail-Adresse. Hier können nur Buchstaben (klein und groß) vorkommen, und es müssen mindestens zwei Buchstaben vorhanden sein. Die {2,} Quantifizierung bedeutet, dass mindestens zwei Buchstaben vorhanden sein müssen, es können aber auch mehr sein.

$: Das Zeichen $ stellt das Ende des Strings dar. Dies bedeutet, dass der vorherige Ausdruck bis zum Ende des Strings gehen muss.

Zusammengefasst überprüft dieser reguläre Ausdruck, ob der gegebene String dem allgemeinen Format einer E-Mail-Adresse entspricht.

Sie sehen also, dass ChatGPT in vielen Fällen sehr hilfreich sein kann, wenn es darum geht, Funktionen zu erzeugen. In den meisten Fällen reicht es aus, die gewünschte Programmiersprache zu spezifizieren und eine kurze Beschreibung der gewünschten Funktionalität mit Eingabe- und Ausgabeparametern hinzuzufügen. ChatGPT versteht eine Vielzahl natürlicher Sprachen und liefert meistens auch vergleichbare Ergebnisse unabhängig von Ihrer gewählten Eingabesprache. Wie Ihnen vielleicht bereits aufgefallen ist, oder noch auffallen wird bei Ihrer eigenen Interaktion mit künstlicher Intelligenz, werden im Hinblick auf Code oft englische Begriffe verwendet, obwohl Sie den Eingabetext auf Deutsch verfasst haben. Das liegt daran, dass die meisten Codebeispiele im Internet englische Variablen- und Funktionsnamen verwenden. Da ChatGPT auf Basis dieser Daten trainiert wurde, neigt es dazu auch bei seinen Programmen eher englische Namen zu vergeben. Wie zu Anfang des Buches bereits erwähnt, würde ich auch Ihnen raten diesem Beispiel zu folgen. Englisch ist die gängige Sprache unter Programmierern und in den allermeisten Firmen werden Sie in Ihrem Code englische Bezeichnungen verwenden.

11.2. Fehlersuche

ChatGPT kann nicht nur beim Programmieren unterstützen, sondern auch bei der Fehlersuche in bereits existierendem Code. Schauen wir uns das Beispiel zum Validieren einer E-Mail-Adresse an. In der Funktion wurden die Rückgabewerte *True* und *False* vertauscht:

Eingabe:

Ich versuche mit Python eine E-Mail-Adresse zu validieren. Wo liegt der Fehler in meinem Code:

```
import re

def validate_email(email):

    # Regulärer Ausdruck für die Überprüfung einer E-Mail-Adresse

    pattern = r'^[a-zA-Z0-9._%+-]+@[a-zA-Z0-9.-]+\.[a-zA-Z]{2,}$'


    # Überprüfen, ob der String dem Muster entspricht

    if re.match(pattern, email):

        return False

    else:

        return True
```

Ausgabe:

In deinem Code liegt der Fehler in der Bedingung, die überprüft, ob der String dem Muster entspricht. Du verwendest re.match, was eine Übereinstimmung am Anfang des Strings sucht. Wenn eine Übereinstimmung gefunden wird, gibt re.match ein Match-Objekt zurück, was in Python als Wahr interpretiert wird und somit True im if-Statement ergibt. Wenn keine Übereinstimmung gefunden wird, gibt re.match None zurück, was in Python als falsch interpretiert wird und False im if-Statement ergibt.

Hier ist der korrigierte Code:

```
import re


def validate_email(email):

    # Regulärer Ausdruck für die Überprüfung einer
E-Mail-Adresse

    pattern  =  r'^[a-zA-Z0-9._%+-]+@[a-zA-Z0-9.-
]+\.[a-zA-Z]{2,}$'


    # Überprüfen, ob der String dem Muster ent-
spricht

    if re.match(pattern, email):

        return True

    else:

        return False
```

In diesem korrigierten Code wird True zurückgegeben, wenn die E-Mail-Adresse dem Muster entspricht, und False, wenn sie nicht dem Muster entspricht.

Wie Sie sehen, hat ChatGPT den Fehler gefunden und die korrigierte Version der Funktion ausgegeben. Im nächsten Schritt bauen wir einen Fehler in den regulären Ausdruck ein und geben der künstlichen Intelligenz noch einmal dieselbe Aufgabe. Im Domain-Teil des regulären Ausdrucks wurde das + durch ein * erstetzt. Das hat zur Folge, dass der Domain-Teil nun beliebig oft – also auch gar nicht – vorkommen kann anstatt mindestens ein Mal.

Eingabe:

Ich versuche mit Python eine E-Mail-Adresse zu validieren. Wo liegt der Fehler in meinem Code:

```
import re

def validate_email(email):

    # Regulärer Ausdruck für die Überprüfung einer E-
Mail-Adresse

    pattern = r'^[a-zA-Z0-9._%+-]+@[a-zA-Z0-9.-]*\.[a-
zA-Z]{2,}$'


    # Überprüfen, ob der String dem Muster entspricht

    if re.match(pattern, email):

        return True

    else:

        return False
```

Ausgabe:

In deinem regulären Ausdruck pattern *fehlt eine Quantifizierung für den Teil nach dem '.' im Domänenteil der E-Mail-Adresse. Dies führt dazu, dass der reguläre Ausdruck nur Domänen mit genau einem Buchstaben nach dem '.' akzeptiert. Um mehrere Buchstaben nach dem '.' zu akzeptieren, solltest du* + *verwenden, um anzugeben, dass mindestens ein Buchstabe erwartet wird.*

Hier ist der korrigierte Code:

```
import re

def validate_email(email):

    # Regulärer Ausdruck für die Überprüfung einer E-
Mail-Adresse

    pattern = r'^[a-zA-Z0-9._%+-]+@[a-zA-Z0-9.-
]+\.[a-zA-Z]{2,}$'


    # Überprüfen, ob der String dem Muster entspricht

    if re.match(pattern, email):

        return True

    else:

        return False
```

In diesem korrigierten Code wird True *zurückgegeben, wenn die E-Mail-Adresse dem Muster entspricht, und* False*, wenn sie nicht dem Muster entspricht. Der reguläre Ausdruck ermöglicht es nun, Domänen mit mehr als einem Buchstaben nach dem '.' zu akzeptieren.*

Auch hier hat ChatGPT den Fehler im Code auf Anhieb identifiziert und korrigiert. Das Interessante in diesem Fall war, dass der Code mit den ursprünglich von ChatGPT gelieferten Beispielen immer noch funktioniert hätte. Trotzdem hat die künstliche Intelligenz bewiesen, dass sie simple Fehler wie diese zuverlässig aufspüren kann.

11.3. Codeoptimierung

ChatGPT kann Code nicht nur schreiben, sondern auch optimieren. Angenommen, wir haben eine Funktion, die prüft, ob eine gegebene Zahl eine Primzahl ist. Hier ist eine naive Implementierung:

```
def is_prime(number):
    if number <= 1:
        return False
    for i in range(2, number):
        if number % i == 0:
            return False
    return True
```

Diese Implementierung überprüft jede Zahl von 2 bis zur Zahl selbst, um festzustellen, ob sie eine Primzahl ist. Allerdings können wir diesen Prozess optimieren, indem wir nur bis zur Quadratwurzel der Zahl überprüfen. Denn wenn eine Zahl einen Teiler größer als ihre Quadratwurzel hat, hat sie auch einen Teiler kleiner als ihre Quadratwurzel. Hier ist die von ChatGPT vorgeschlagene optimierte Implementierung:

```
import math

def is_prime_optimized(number):

    if number <= 1:

        return False

    if number <= 3:

        return True

    if number % 2 == 0 or number % 3 == 0:

        return False

    i = 5

    while i * i <= number:

        if number % i == 0 or number % (i + 2)
== 0:

            return False

        i += 6

    return True
```

Diese optimierte Implementierung überspringt gerade Zahlen außer der 2 und Vielfache von 3, außer der 3. Sie überprüft nur bis zur Quadratwurzel der Zahl und verwendet das Prinzip der Primzahltests mit sechsstelligen Intervallen, was effizienter ist als die Überprüfung jeder einzelnen Zahl. Durch diese Optimierungen wird die Laufzeit der Funktion für große Zahlen erheblich reduziert und die Effizienz verbessert.

11.4. Beispiele und Übungen

ChatGPT kann Ihnen aber nicht nur beim Programmieren, bei der Fehlersuche und bei der Optimierung Ihres Codes helfen, sondern auch dabei Ihre eigenen Programmierkenntnisse zu erweitern. Fragen Sie doch einfach mal nach Übungsaufgaben. ChatGPT wird Ihnen sicherlich einige hervorragende Aufgaben auf jedem beliebigen Erfahrungslevel zur Verfügung stellen. Vergessen Sie aber nicht, dass die Beispiellösungen, die Ihnen von der künstlichen Intelligenz zur Verfügung gestellt werden, nicht unbedingt immer richtig sind. Es lohnt sich also auch diese zu überprüfen, sollten Sie sich sicher sein, dass der Fehler nicht in Ihrem eigenen Code liegt.

Ebenso bietet es sich an, nach Beispielimplementierungen zu fragen. Dabei ersparen Sie sich die aufwändige manuelle Suche im Internet nach einem passenden Beispiel zu Ihrem gewünschten Themengebiet.

11.5. Nachteile

Nachdem wir uns nun die mannigfaltigen Fähigkeiten der künstlichen Intelligenz zu Gemüte geführt haben, sollten wir auch einen Blick auf die negativen Aspekte werfen. Zum einen ist nicht garantiert, dass ChatGPT verlässliche und richtige Informationen liefert. Dies gilt zum einen für Fakten in Text, aber auch für Code. Je kleiner der geforderte Umfang des Codes ist, desto wahrscheinlicher ist dieser auch korrekt. Abgesehen davon, ist es in diesem Fall auch einfacher die Richtigkeit manuell zu überprüfen. Wollen Sie Klassen oder gar ganze Anwendungen von ChatGPT schreiben lassen, sollten Sie sehr gut überprüfen, ob der generierte Code auch wirklich die von Ihnen gestellten Anforderungen erfüllt. Der zweite potenziell negative Aspekt den ChatGPT, den es wie alle anderen LLMs, mit sich bringt, ist das Thema Urheberrecht. Die GPT-Modelle von OpenAI werden mit Daten aus dem Internet trainiert. Dort finden sich enorme Mengen an Code und Text, die eine exzellente Grundlage bieten um sehr große Modelle zu trainieren, da fast alle Themengebiete und Sprachen zur Genüge vorhanden sind. Das Problem ist nun, dass Sie auf Basis einer Ausgabe von ChatGPT nicht eindeutig feststellen können, ob die gelieferte Text- oder Codepassage von der künstlichen Intelligenz selbst geschrieben wurde. Es ist durchaus möglich, dass Teile eins zu eins von bestehenden Webseiten, Publikationen oder anderen Werken entnommen wurden und somit urheberrechtlich geschützt sind. Dies stellt vor allem dann ein Problem dar, wenn Sie einen Code schreiben, den Sie in einem kommerziellen Produkt verwenden möchten.

12. Bonus: Fortgeschrittene Übungen

12.1. Übung 6 – Temperaturumrechner

Schreiben Sie ein Programm, mit dem der Benutzer zwischen verschiedenen Temperatureinheiten umrechnen kann. Das Programm soll vom Benutzer zunächst eine Eingabe verlangen, welche Umrechnung vorgenommen werden soll. Die Eingabeoptionen sind folgende:

- Umrechnung von Celsius nach Kelvin -> Eingabe: „CtK“
- Umrechnung von Celsius nach Fahrenheit -> „CtF“
- Umrechnung von Kelvin nach Celsius -> „KtC“
- Umrechnung von Kelvin nach Fahrenheit -> „KtF“
- Umrechnung von Fahrenheit nach Celsius -> „FtC“
- Umrechnung von Fahrenheit nach Kelvin -> „FtK“

Nachdem diese Eingabe eingelesen wurde, soll der umzurechnende Wert vom Benutzer eingegeben werden. Anschließend soll ein entsprechendes Ergebnis berechnet und ausgegeben werden. Zur Umrechnung der Einheiten können Sie folgende Formeln verwenden:

Celsius = Kelvin – 273,15

Celsius = (Fahrenheit - 32)/1,8

Die tiefst mögliche Temperatur ist 0 Kelvin

Stellen Sie bei den Eingaben jeweils sicher, dass keine ungültigen Werte eingegeben werden. Sollte der Benutzer einen Wert eingeben, der nicht erlaubt ist, soll er erneut die Möglichkeit erhalten, eine Eingabe zu tätigen. Die Lösung finden Sie direkt auf der nächsten Seite.

Lösung zu Übung 6

Das Programm, das Sie gleich in der Musterlösung kennenlernen werden, ist größtenteils in einzelne Funktionen gekapselt. Dadurch wird das Programm übersichtlicher und einfacher zu verstehen. Wenn Ihr Programm weniger stark gekapselt ist, ist das trotzdem ein valider Lösungsweg.

temperature.py

```
program_running = True

def get_units_input():
    while program_running:
        print("""
Bitte geben Sie die gewünschte Umrechnung ein -
\"CtK\" für Celsius nach Kelvin
\"CtF" für Celsius nach Fahrenheit
\"KtF\" für Kelvin nach Fahrenheit
\"KtC\" für Kelvin nach Celsius
\"FtC\" für Fahrenheit nach Celsius
\"FtK\" für Fahrenheit nach Kelvin
        """)
        input_units = input()
        if input_units == "CtK" or input_units == "CtF"\
                or input_units == "KtF" or input_units == "KtC"\
                or input_units == "FtC" or input_units == "FtK":
            return input_units
        else:
            print("Bitte tätigen Sie eine gültige Eingabe.")
```

Screenshot 68: Funktion um die gewünschte Umrechnung einzulesen

In Screenshot 68 sehen Sie zuallererst die boolesche Variable *program_running.* Diese Variable wird später genutzt werden um dem Nutzer die Möglichkeit zu geben, das Programm ordnungsgemäß zu beenden.

Die Funktion *get_units_input()* enthält eine while-Schleife, die quasi für immer läuft, sollte der Nutzer nur ungültige Eingaben tätigen. Die Eingabe des Nutzers wird in Zeile 14 eingelesen und direkt in der nächsten Zeile geprüft. Entspricht die Eingabe einem der vorgegebenen Werte, so wird die Funktion über das *return*-Statement verlassen. Ansonsten startet die Schleife von Neuem.

```
def get_value_input():
    while program_running:
        print("Bitte geben Sie den umzurechnenden Wert ein:")
        input_value = input()
        try:
            return int(input_value)
        except ValueError:
            print("Bitte geben Sie eine gültige Zahl ein.")
```

Screenshot 69: Funktion um den umzurechnenden Wert einzulesen

Die zweite Funktion funktioniert recht ähnlich. Hier wird ebenfalls in einer Endlosschleife eine Eingabe verlangt. Diese Eingabe muss eine Zahl sein. Daher wird versucht die Eingabe mit der Funktion *int()* in eine Zahl umzuwandeln – wie Sie sich sicher erinnern, sind Eingaben über *input()* immer Strings. Kann die Eingabe nicht umgewandelt werden, zum Beispiel, weil es sich nicht um eine Zahl handelt, wird eine Exception geworfen. Diese wird durch den try-except-Block abgefangen, und der Benutzer wird erneut aufgefordert, eine gültige Eingabe zu tätigen. Tut er dies, wird diese Eingabe zurückgegeben.

```
def celsius_to_kelvin(value):
    return value + 273.15 if value >= -273.15 else 0

def kelvin_to_celsius(value):
    return value - 273.15 if value >= 0 else -273.15

def celsius_to_fahrenheit(value):
    return value * 1.8 + 32

def fahrenheit_to_celsius(value):
    return (value - 32) / 1.8

def fahrenheit_to_kelvin(value):
    celsius = fahrenheit_to_celsius(value)
    return celsius_to_kelvin(celsius)

def kelvin_to_fahrenheit(value):
    celsius = kelvin_to_celsius(value)
    return celsius_to_fahrenheit(celsius)
```

Screenshot 70: Funktionen zur Umrechnung

Die Funktionen zur Umrechnung der Werte in die verschiedenen Einheiten implementieren einfach nur die bereits erwähnten Formeln. Beachten Sie hier, dass die Funktionen zur Umrechnung zwischen Fahrenheit und Kelvin jeweils die entsprechenden Celsius-Funktionen aufrufen. Somit ist es nicht nötig hier eine separate Formel zu nutzen. Durch dieses Vorgehen können zwar eventuelle Umrechnungsfehler verstärkt werden, aber Sie sparen sich dadurch auch Programmieraufwand. Wann immer Sie bereits geschriebene Funktionen nutzen können, sollten Sie dies tun. Don't repeat yourself!

```python
while program_running:
    units_input = get_units_input()
    value_input = get_value_input()

    if units_input == "CtK":
        print(celsius_to_kelvin(value_input))
    elif units_input == "CtF":
        print(celsius_to_fahrenheit(value_input))
    elif units_input == "FtK":
        print(fahrenheit_to_kelvin(value_input))
    elif units_input == "FtC":
        print(fahrenheit_to_celsius(value_input))
    elif units_input == "KtC":
        print(kelvin_to_celsius(value_input))
    else:
        print(kelvin_to_fahrenheit(value_input))

    print("Zum Beenden des Programms geben Sie \"End\" ein."
          + "Ansonsten geben Sie etwas anderes ein.")
    input_end = input()
    if input_end == "End":
        program_running = False
```

Screenshot 71: Aufruf der einzelnen Funktionen

Das ganze Programm wird dann wiederum in eine while-Schleife gepackt um mehrere aufeinanderfolgende Berechnungen zu ermöglichen. Zuerst werden in dieser Schleife die gewünschte Umrechnung und der umzurechnende Wert eingelesen. Dann wird je nach Eingabe eine der sechs Umrechnungsfunktionen ausgeführt. Abschließend wird der Benutzer gefragt, ob er das Programm beenden möchte. Gibt er hier „End" ein, so wird die boolesche Variable *program_running* auf *False* gesetzt, und die while-Schleife endet.

12.2. Übung 7 – Textverarbeitung mit Dateien

Einer der häufigsten Anwendungsfälle beim Programmieren ist das Einlesen und Verarbeiten von Daten aus einer externen Quelle – also beispielsweise einer Datei. In dieser Übung werden Sie also Daten aus einer Datei einlesen und verarbeiten. Gegeben sei eine Datei, die Personendaten in folgendem Format enthält.

Vorname; Nachname; Geburtsdatum

Also zum Beispiel:

Peter; Maier; 14.05.1995

Karl; Müller; 23.11.1974

Jede Zeile repräsentiert also eine neue Person. Schreiben Sie ein Programm, dass in der Lage ist diese Datei einzulesen und die eingelesenen Daten als Personen-Objekte zu speichern.

Um eine Datei einzulesen, können Sie auf die Funktion *open()* zurückgreifen.

```
variablen_name = open(„Dateiname mit Pfad", „r")
```

Um die einzelnen Daten einer Person aus der entsprechenden Zeile zu extrahieren, können Sie die Funktion *split()* verwenden. Mit dieser Funktion, lassen sich Strings an einem bestimmten Zeichen auseinandernehmen. Das Ergebnis liegt dann in einer Liste vor.

```python
test_string = "Hello, I am 99 years old"

splitted_string = test_string.split(",")

print(splitted_string)
```

```
test
C:\Users\simon\PycharmProjects\myFirstProj
['Hello', ' I am 99 years old']

Process finished with exit code 0
```

Screenshot 72: split() Funktion

Lösung Übung 7

```
main.py × Person.py ×
class Person:

    def __init__(self, first_name, name, birthdate):
        self.first_name = first_name
        self.name = name
        self.birthdate = birthdate

    def __str__(self):
        return "This persons name is " \
               + self.first_name + self.name \
               + ". This Persons birthdate is" \
               + self.birthdate
```

Screenshot 73: Die Klasse Person

Die Klasse Person ist recht einfach aufgebaut. In der *__init__* Funktion werden alle übergebenen Parameter im Objekt gespeichert. Die *__str__* Funktion dient dazu, die Objekte richtig ausgeben zu können.

```
main.py × Person.py ×
from uebung_dateien.Person import Person

try:
    file = open("C:\\Personen.txt", "r")
except FileNotFoundError:
    print("Die Datei konnte nicht gefunden werden.")
else:
    lines_list = file.readlines()
```

Screenshot 74: Teil 1 der main-Datei

Im main-Skript wird zuerst die Klasse *Person* importiert. Anschließend wird die Datei innerhalb eine try-Blocks geöffnet. Der zugehörige except-Block soll hierbei verhindern, dass ein Fehler geworfen wird, sollte die Datei nicht gefunden werden.

Kann die Datei ordnungsgemäß geöffnet werden, so wird im else-Block eine Liste erstellt. In dieser Liste werden alle Zeilen der Datei als einzelne Listenelemente gespeichert.

```
9
10        persons_list = []
11
12    for line in lines_list:
13        person_data_as_list = line.split(";")
14        new_person = Person(person_data_as_list[0],
15                            person_data_as_list[1],
16                            person_data_as_list[2])
17        persons_list.append(new_person)
18
19    for person in persons_list:
20        print(person)
```

Screenshot 75: Teil 2 der main-Datei

In Zeile 10 wird dann eine weitere Liste angelegt, in der später die Personen-Objekte abgelegt werden sollen. Anschließend werden in einer for-Schleife Zeile für Zeile die Daten einer Person mittels *split()*-Funktion in eine Liste gespeichert und dann einem neu erzeugten Objekt der Klasse Person zugewiesen. Dieses Objekt wird danach in der bereits existierenden Liste *persons_list* abgespeichert. In Zeile 19 wird dann eine weitere for-Schleife begonnen, die über die Liste mit den gespeicherten Personen-Objekten iteriert. Diese Objekte werden dann nacheinander über ihre jeweilige *__str__* Funktion ausgegeben.

12.3. Übung 8 - Rekursive Programmierung

Mit rekursiver Programmierung ist gemeint, dass sich eine Funktion immer wieder selbst aufruft um ein Ergebnis zu errechnen. Ein populäres Problem, das bei der rekursiven Programmierung immer wieder auftaucht, ist die Fibonacci-Folge. Die Fibonacci-Folge ist eine Zahlenfolge, bei der immer die beiden letzten Zahlen addiert werden um die jeweils nächste Zahl der Folge zu berechnen. Üblicherweise beginnt die Folge mit zwei Einsen und sieht demnach folgendermaßen aus:

1, 1, 2, 3, 5, 8, 13, 21, 34...

Um eine Zahl der Folge berechnen zu können, ist es also nötig, die beiden Zahlen davor zu kennen. Um diese zu berechnen, müssen auch von diesen jeweils die Vorgänger berechnet werden und so weiter. Dieses Prinzip spiegelt sich in folgender Formel wider.

fib(x) = fib(x - 1) + fib(x - 2)

Um die Zahl an der Stelle x berechnen zu können, muss man also die Zahl eine Stelle vor x sowie die Zahl zwei Stellen vor x berechnen. Nehmen wir einmal an, x wäre 4. Somit ergäbe sich folgende Situation:

fib(4) = fib(3) + fib(2)

Ersetzt man nun den Ausdruck fib(3), so erhält man:

fib(4) = [fib(2) + fib(1)] + fib(2)

Da wir bereits wissen, dass die Fibonacci-Folge mit zwei Einsen beginnt, können wir nun die Zahl an vierter Stelle berechnen. Nach diesem Prinzip lässt sich also jede beliebige Stelle der Fibonacci-Folge berechnen. Es müssen sämtliche Ausdrücke so lange ersetzt werden, bis sämtliche Summanden entweder fib(1) oder fib(2) entsprechen. Schreiben Sie ein Programm, mit dem sich eine beliebige Stelle der Fibonacci-Folge berechnen lässt. Versuchen Sie eine Funktion zu programmieren, die sich rekursiv immer wieder selbst aufruft um die Lösung zu berechnen.

Falls Sie hierbei Schwierigkeiten haben, können Sie ja mal Ihr neu gewonnenes Wissen über künstliche Intelligenz anwenden und ChatGPT fragen.

Beispieleingabe in ChatGPT:

Ich programmiere in Python und würde gerne eine rekursive Funktion schreiben, die eine beliebige Stelle der Fibonacci Folge berechnen kann

Die Musterlösung finden Sie auf der nächsten Seite. Viel Spaß!

Lösung zu Übung 8

test.py

```
def fib(num):
    if num == 1 or num == 2:
        return 1
    else:
        return fib(num - 1) + fib(num - 2)

print(fib(7))
```

temperature test

```
C:\Users\simon\PycharmProjects\myFirstProject\v
13

Process finished with exit code 0
```

Screenshot 76: Rekursive Berechnung der Fibonacci-Stellen

Zuerst wird überprüft, ob es sich bei der zu berechnenden Stelle um eine der ersten beiden Stellen handelt. Ist dies der Fall wäre das Ergebnis 1. Andernfalls ruft die Funktion sich zwei Mal selbst auf – jeweils mit den zwei vorangehenden Stellen. Soll also beispielsweise die Fibonacci-Zahl an vierter Stelle der Folge berechnet werden, geht das Programm folgendermaßen vor:

1. fib(4) -> fib(4 - 1) und fib(4 - 2) werden aufgerufen
2. fib(4 - 1) -> fib(3 - 1) und fib(3 - 2) werden aufgerufen

   fib(4 - 2) -> return 1;
3. fib(3 - 1) -> return 1;

   fib(3 - 2) -> return 1;
4. fib(4 - 1) -> erhält 1 + 1

   fib(4 - 2) -> ist bereits 1
5. fib(4) -> erhält 2 + 1 und ist somit gleich 3

Falls Sie ChatGPT nach Hilfe gefragt haben, so haben Sie vermutlich eine ähnliche Lösung erhalten. In meinem Fall war dies Folgende:

```
def fibonacci(n):

    if n <= 1:

        return n

    else:

        return fibonacci(n-1) + fibonacci(n-2)
```

Interessanterweise hat mich ChatGPT in diesem Fall auch noch darauf hingewiesen, dass diese Implementierung für große Zahlen nicht sehr effizient ist, da sie wie im Beispiel oben ersichtlich sehr viele Funktionen aufruft, die Teilweise dieselben Berechnungen durchführen. Auf

Nachfrage hat ChatGPT mir außerdem verraten, welche Möglichkeiten es gibt, eine beliebige Stelle der Fibonacci-Folge effizienter zu implementieren. Wenn Sie wissen wollen, welche das sind und wie genau sie funktionieren, fragen Sie doch einfach selbst mal bei ChatGPT nach. Implementieren Sie die Lösungen selbst und versuchen Sie zu verstehen, welche Optimierungen genutzt werden. Und falls diese nicht auf den ersten Blick ersichtlich sind, wird Ihnen ChatGPT sicherlich mit Rat und Tat zu Seite stehen!

Schlusswort

Sie haben nun mit Abschluss dieses Buches die Grundlagen des Programmierens gemeistert. Sie haben erste Erfahrungen mit Python in einem breiten Spektrum an Aufgabenstellungen gemacht und sind nun in der Lage selbstständig Programme zu schreiben. Trotzdem gibt es noch viel zu entdecken. Python bietet eine Unmenge an Möglichkeiten und Bibliotheken, die Ihnen nun offenstehen.

Obwohl Python nun bereits 30 Jahre alt ist, scheint die Sprache eine glänzende Zukunft zu haben. Immer mehr Menschen lernen Programmieren und da Python sehr anfängerfreundlich und flexibel ist, werden auch in Zukunft viele Anwendungen in dieser Sprache realisiert werden. Zusätzlich wird Python natürlich laufend weiterentwickelt. Somit bleibt Python auch in Zukunft konkurrenzfähig.

Unabhängig davon, ob Sie Python nun für private oder berufliche Zwecke erlernen wollen – es lohnt sich immer eine Programmiersprache zu lernen! Und letztendlich nehmen Sie aus diesem Buch ja nicht nur Ihre Kenntnisse in Python mit – die grundlegenden Programmierprinzipien - Variablen, if-Abfragen oder Schleifen - sind in jeder Programmiersprache ähnlich gestrickt, sodass Ihnen das Erlernen der nächsten oder übernächsten Sprache sehr viel einfacher fallen wird.

Außerdem haben Sie diverse Möglichkeiten kennengelernt, wie künstliche Intelligenz Ihnen bei Ihren alltäglichen Programmiertätigkeiten helfen kann. Dies beschränkt sich nicht nur auf Python, sondern kann auch beim Erlernen Ihrer nächsten Programmiersprache von unschätzbarem Wert sein. Künstliche Intelligenz ist zwar auch schon seit Jahren ein Thema, aber gerade jetzt scheint sie so mächtig und vielseitig einsetzbar zu sein, wie nie zuvor. Nutzen Sie die Fähigkeiten dieser Technologie zu Ihrem eigenen Vorteil.

Bevor Sie das Buch schließen

Glückwunsch, dass Sie das Buch bis zum Ende durchgelesen haben! Bevor Sie das Buch schließen, würde ich Sie noch gerne um einen Gefallen bitten:

Wenn Ihnen das Buch gefällt, dann würde ich mich sehr über eine Bewertung auf Amazon freuen!

Wenn Ihnen etwas nicht gefallen hat oder Sie Verbesserungsvorschläge haben, würde ich mich sehr über Ihr ehrliches Feedback per E-Mail (**team@aesverlag.de**) freuen.

Vielen Dank. Ich wünsche Ihnen viel Erfolg mit dem erlernten Wissen in der Praxis!

Simon Flaig

Java Programmieren für Einsteiger

Lernen Sie eine vielseitige Programmiersprache, die z. B. für die Programmierung von Apps für Android-Smartphones verwendet wird:

Hier finden Sie das Buch:

https://amzn.to/3UQrNnQ

Oder **Scannen Sie** den Barcode mit Ihrem Smartphone ein:

Impressum

2. Auflage 2024

ISBN: 9789403761817

Herausgegeben von AES Verlag

Kontakt:

Anton Scharton

Saint-Claude-Str. 83/1

72108 Rottenburg

Schreib uns bei Fragen, Problemen und Anregungen direkt eine E-Mail an:

team@aesverlag.de

FSC
www.fsc.org
MIX
Papier | Fördert gute Waldnutzung
FSC® C083411

Kolibri 360 GmbH
Ferdinand-Jühlke-Straße 7
99095 Erfurt, Deutschland
produktsicherheit@kolibri360.de